人生を楽しむチカラが身に付く本

You Tuber
DIY道楽テツ

KK
ロングセラーズ

皆様こんにちは！　ＤＩＹ道楽テツです。

今まさに、ワタシは本を書いているのですねッ！

本だ。書籍だ。

……ふおぉっ‼


おっと。

つい興奮してしまいました。


自分の活字が紙媒体になるのは実に二五年ぶりのことでしてね。しかもそれは、雑誌の記事の一部（しかもほんのちょっと）だったのですが、今回はれっきとした書籍。実は今のワタシは、とてもとても、そりゃもう興奮しております。

それにしても、まさか自分が本を執筆することになろうとは。

そして、今まさにこの本を手に取ってくれているアナタにメッセージを送るチャンスをいただけるとは……いやはや、中学生時代のワタシが見たらさぞ驚いてぶっ飛ぶことでしょうね。

なぜワタシが本を書くことになったのか？　まずはプロローグとして、そこからお話を始めたいと思います。

【プロローグ】

もし今の自分が、一五歳の自分に語りかけることができたなら

全ての始まりはFacebookのメッセンジャーのポップアップから始まりました。

「本を書いてみませんか？」

実はこの手のメッセージってたくさん来るんですよ。そのほとんどが自費出版のお誘いなので、今回も同様の内容かなと軽く考えてました。

最初はキャッチセールスに捕まったような疑心暗鬼。だけどメッセージのやり取りをしているうちに「ナニカチガウ」と感じたので、「ちょっと話を聞くぐらいなら」ということで、とある駅の改札口に待ち合わせました。

待ち合わせ場所に約束の時間の五分前に行ってみると、通路の反対側にいた年上の男性に「ＤＩＹ道楽テツさんですか?」と声をかけられました。

おや? 伺っていた年齢とずいぶん印象が違う。ていうか、オーラが違う。目の輝きが違う。どうやら面白いことが始まったようだ、と直感的に感じました。

これがＳさんとの出会いです。

立ち話でもナンなので、とりあえず私の好きなイタリアンのお店に行って話を聞いてみることにしました。

席に案内されると、ランチの注文もそこそこにＳさんがグイッと前のめりになって話を始めたのです。

Ｓさんは出版社の編集者さんかと思いきやそうではなく、本業はプログラマーだと言う。

私が一言「本を書く」と言えば、出版ができるんだという。

そんな話があるんだろうか⁇

「せっかくのお話嬉しいんですけども、実は私YouTube以外にもフリーランスのライターをやっていまして、本を書いたりするような時間が取れないんですよ」

と、軽くスルーしてみる。

そしたらSさんが、

「自信をなくし夢をなくしている若い子達にYouTuberとしてメッセージを送って欲しい。日本の未来のために力を貸して欲しい」

と、おっしゃった。

文章で書くと何とも綺麗事の薄い言葉に読めるけども、Sさんの目からものすごいパワーを感じる。あ、これは本気だと感じたものの、

「それにしてもなぜ私なのでしょうか？　登録者数や動画の再生数で考えたら私よりもっと優れている方々がいっぱいいらっしゃると思うのですが……」

今度は本音。謙遜じゃない。

そしたらSさんが「自信をなくし、夢をなくしている若い子達にメッセージが送れると思われるユーチューバーの中で、ＤＩＹ道楽テツさんが一番ふさわしいということになったのです。だから私が交渉に来ました」

……すみません、状況が理解できません。やっぱりなぜ私なのかが理解できな

いんですけど⁇

Sさん曰く

DIY道楽テツは
・楽しそう
・威張っていない
・説教臭くない
・自分の意見を前面に押し出したりしていない

（→ちなみにこれは私が言ったんではないですよ？　あくまでSさんからのお言葉です）

そして、続いてSさんが「この本が完成したら全国の代表的なフリースクールに送ります。自信をなくして悩んでいる若者たちのもとに届けることが、すでに決まっています」

……という。

そこまで話を聞いた時に自分の中学生時代を思い出しました。正直あまり思い出したくない中学生時代。自信が持てず勇気を持てず一人悶々と過ごしたあの時代……。

自分の価値は自分が決めるものじゃない
自分の価値は他人が決めるもの

以前流行った歌じゃないけども、
もし今の自分が、一五歳の自分に語りかけることができたなら⁉
もし今の自分が、一五歳の自分に本を贈ることができたならば⁉

そしてそうすることで、これまで自分を支えてくれた多くの人々への恩返しが少しでもできるのならば⁉

Sさんのまっすぐで真剣なまなざしに見つめられながら

あぁ、それならば断る理由は何一つないな……と、スッと心は決まりました。

「書かせてください。どうかよろしくお願いします」

そんなわけで本を書くことを引き受けたのでした。

私は人生で一番大切なことは「楽しむこと」だと考えます。
私の座右の銘であり、そして二人いる息子達にもそう言って育ててきました。

楽しいことをきちんと「楽しい」と思えることは当たり前としても、
たとえ困難な状況だったとしても「楽しい」と思える、そんなチカラ。

毎日を「楽しめる」
工夫を「楽しめる」
努力も「楽しめる」
苦労も「楽しめる」
そして、突然発生したトラブルも「楽しめる」

「今」を「楽しい」と思える人は、どんな状況でも前に進めるし、自分の人生に「勝った」と言えるのではないでしょうか？

……どうですか？
今、これを読んでいるあなたが抱えている悩みも、「楽しい」と思える生き方は確実に存在するのですよ！

今まで何千、何万、何十万人の方々に「楽しそうですね！」と言われてきたこのＤＩＹ道楽テツ。そう思えるようになったこれまでの経緯についてと、「楽しさ」って何？　について、お話ししていきたいと思います。

この本を読んでくれたあなたが、一ミリでも前に進める力になれたとしたら……私にとって、それほど嬉しいことはありません。そして、この私に前に進む勇気を与えてくれた今は亡き恩師にこの本を捧げます。

それでは、行ってみましょう〜!!

もくじ

3章 与えられた命だから

4章 「楽しい」ってなんだろう

5章 人生が三五九度変わった原付バイクでの日本一周

6章 旅の途中、どこで、どんな経験をしたか

7章 失敗した「話」は面白い

8章 DIY道楽三つの掟

楽しいことその②
作る楽しさ（改造・工作・溶接）

楽しいことその③ 直す楽しさ（修理・レストア）

楽しいことその④
解決する楽しさ（トラブル解決）

1章

皆様こんにちは！
DIY道楽　テツです

現在一七万五千人の方にフォローしていただいています

今、この本を手にとってくれている方の中で、毎日のように私の顔を見ているユーチューブの常連さんの方もいらっしゃると思いますが、ほとんどの方がお初にお目にかかると思うので、ここでまずは自己紹介をさせてください。

皆様こんにちは！　ＤＩＹ道楽テッと申します。

「ＤＩＹ道楽」は主催しているYouTubeチャンネルで、二〇二三年三月現在、約一七万五千人の方にフォローしていただいております（感謝！）。

YouTube（ユーチューブ）に動画を投稿するクリエイターがYouTuber（ユーチューバー）と呼ばれるようになって久しいですが、多分、ワタシはその〝ユーチューバー〟です。

というのも、チャンネル開設は二〇〇九年の四月二二日。開設したその日に動画を一本アップロードしているので、ユーチューバー歴は一四年ということになります。今、有名なユーチューバーたちよりずっと前からやってる古参の一人だと思います。ユーチューバーが職業になるずっと前、まだ社会的知名度がない頃からやっているので「ユーチューバー」と言われてもピンとこないのが正直なところですね（笑）。

ユーチューバーになったきっかけ、ですか？

実は、それを語るには、それ以前のホームページの時代から語らなければなりません。

YouTubeにチャンネル開設するより更に七年前、二〇〇二年にホームページを作りました。当時の名前は「テツの部屋」。なんともひねりのない名前ですが、ありふれた名前だったので、当時検索したら可愛らしいワンちゃんのホームページがトップに来ていました。

ホームページに始まり、それがやがて「DIY道楽」と改名して、一時期ブログも併設していましたが、二〇〇九年にYouTubeチャンネルを開設するに至ったのです。

メインテーマは「トライ&エラー」

と言っても、元々はホームページのムービー保管庫として利用していました。今では想像できないかもしれませんが、当時は動画をインターネットにアップロードするのが大変で、ホームページの容量なんかすぐにオーバーしちゃったのです。

さすがに動画をアップロードするために有料ストレージを確保するのももったいなかったし、かといって写真だけじゃ限界があるな〜と思っていたら、友人が「YouTubeってのがあるよ」と、教えてくれたのです。

「無料で無限に動画をアップロードできるらしいよ」

その言葉に飛びついて、YouTubeチャンネル「DIY道楽」が誕生したのです。

とは言っても、YouTubeがメインになるのはそこから更に数年後の話で、当時はまだホームページがメインだったのですが、YouTubeにしてもホームページにしてもいろんなことをやってきましたが、実は密かに掲げていたメインテーマがあったのです。

それは……「トライ&エラー」。そのまんま。

挑戦と、失敗です。

試行錯誤といったほうがいいかな？

ホームページの最初のコンテンツは「手打ちうどんの作り方」から始まりまし

たが、キックボードを切断して溶接して長くしてみたり、一〇〇円ショップのたこ焼き器を使いやすいように改良してみたり、今川焼きが食べたくなれば専用のプレートを作ってみたり、追い炊きができない風呂に、チンチンに加熱した鉄の塊を放り込んで「石焼風呂」とか言ってみたり、ママチャリを改造してサイクルトレーラーを作ってみたり。

どれもこれも完成品ではなくて、むしろ失敗だらけの駄作たちの制作過程をメインのコンテンツにしていました。

「失敗」は恥ずかしいことだと思ってしまう方が多いかもしれませんが、私はそうは思いません。「失敗」は楽しい。失敗から始まることの方が多いんじゃないかな？　いやむしろ、「失敗」こそがすべてのスタート地点だとさえ思っております。強がりじゃないですよ。だって本当に楽しいんだもん。

「なんでも楽しんでやろう」スピリットで毎日を楽しく過ごさせていただいております

まずは、思いついたことをとりあえずやってみる。

当然のごとく失敗する。

そしたら他の方法を試してみる。

まだちょっとイマイチ。

そこからやり方を変えて再挑戦してみると……だいたいの場合、三回目には成功しますね。

そして、一度成功しちゃえばその経験は一生モノ。次からは恐れることなんてありません。


成功するととても嬉しいし、楽しい。

そしてその模様をインターネットにあげることによって、試行錯誤の過程から成功した時の喜びまで、フォロワーさん達と共有することができたのです。

その姿勢はYouTubeになった今でもそのまま残っていて、今はオートバイや工作がメインコンテンツとなっていますが、基本的にやってることは変わっていません。

うまくいっても、行かなくても、成功しても、失敗しても。
何でも自分でやってみる（DIY）ことを、楽しみ尽くす（道楽）！
「なんでも楽しんでやろう！」スピリットで、フォロワーさん達と一緒に毎日を楽しく過ごさせていただいております。

偉い肩書きがあるわけじゃないし、何か偉業を成し遂げたわけでもない。
バイクと溶接と、工作と試行錯誤が大好きなオッサンなのです～！

そんなわけで、自己紹介になりましたでしょうか？（笑）

2章

人生で一番大切なことは「楽しむ」こと

いつでもどんな時でも楽しいと思えたら

人生で一番大切なことは何ですか？

そう聞かれた時に私は「楽しむこと」だ、と答えます。

「楽しむ」こととは、ただ単に「楽しい」ことをするだけじゃありません。
「楽しい」と「感じる」ことができる「能力」があれば、「楽しいこと」はどんどん増えていきます。
どんなことでも楽しめるということは、人生でとてもとても役立つスキルだと思います。

どんなことを「楽しい」と感じるかは人それぞれ、十人十色です。
それを「好み」と言ったり「趣味」と言ったりします。

もし世界中すべての人から、その人の「楽しいこと」を学ぶことができたとしたら、まさに無敵になれるのではないでしょうか？　なんたってどんなことでも「楽しい」と思えちゃうわけですから！

「楽しいこと」を「楽しい」と思うだけじゃありません。

あなたにとって、
大変だと思うことや、
面倒臭いと思えること

そして

突然起こったトラブルや、
自分の失敗だって

きっと、楽しむことができるはずなのです。

「楽しい」と思えたら「意欲」が湧いてきます
「意欲」が湧いてきたらトラブルだって乗り越えることができます
乗り越えることができたら、もっと「楽しい」と思えるはずです

つまり、「楽しい」と思えることは、あなたを前進させる全てのエネルギーの源になり得るのです。

「楽しい」って素晴らしい！

いつでもどんな時でも「楽しい」と思えたら、それこそ「本当の幸せ」と言えるのではないでしょうか？

「楽しい」は心で感じるもの

「正しい」と考えることと、「楽しい」と思うことは違います。

「正しい」は頭で考えますが、

「楽しい」は心で感じるものです。

頭で考えることは学校で学んだり外部から入ってくるものです。

心で感じるものは、おそらくは先祖代々受け継いできた魂そのものなのではないでしょうか？

心で感じるということは、お父さんやお母さん、おじいさんやおばあさん、そしてそれよりもっと昔の、ご先祖様たちからのアドバイスでもあるわけです。

心で感じることと、頭で考えること、もし無理して反対方向の行動をしてしまったら、きっと心がちぎれてしまいます。

辛くなってしまいます。

壊れてしまいます。

どちらかを選ばなければいけない時には、私は「心で感じる楽しさ」を大切にしたいと考えます。事実そうやって生きてきました。

自分が「楽しい」と思えることを大切にして、そして、自分が「楽しい」と思えることを広げていくことができたならば……

失敗を恐れず、

挑戦を恐れず、

チャレンジをすることができます。

チャレンジをするたびに楽しいと思えることがどんどん増えていくので、人生を前向きにずんずん進むことができるのです。

人生で一番大切なことは何ですか？……そう聞かれた時に私は「楽しむこと」だ、と答えます。「楽しい」と思えることは、あなたを前進させる全てのエネルギーの源になり得るのです。

「楽しむ」ということは自分勝手とは違います。「楽しければいい」という生き方とはまったく別物です。むしろその逆で、果敢に挑み続ける人生のチャレンジャーそのものなのです。

人生の「いま」をちゃんと楽しめてますか？

今、この本を読んでくれている若い方へ。
今という人生を楽しめていますか？
毎日しっかり「楽しんで」いますか？

小学生くらいの皆さんだったら、ゲームをやったり友達と遊んだり、学校が楽しいと答えてくれるかもしれません。でも中学生以上高校生くらいともなると、こう答えるかもしれません。

「部活や遊んだり楽しいことをやりたいけども、受験や勉強もあるし楽しいことをやってる場合じゃない」
「この先いっぱい楽しいことをするためにも、今は努力しなくちゃいけない」
「楽しいことばっかりやっていたら、周りと差がついて取り残されちゃう」

「大学で楽しいキャンパスライフを送るためにも、今は遊ばないで受験勉強を頑張る」

社会人になった若い方だったら、こう言うかもしれませんね。

「楽しいことをするためにはまずは働かなくちゃ。遊んでばっかりいられないよ」
「楽しむことは後回し。もう学生じゃないんだから我慢して働かなくちゃいけない」
「仕事が忙しくて忙しくて休みが取れなくて遊ぶ暇なんかない。いつか定年退職した時に、思いっきり楽しいことやるんだ」

楽しいことをするために今はグッと我慢して一生懸命努力をする。まさにアリとキリギリス。目標達成するためにもしっかり努力する、これはとても大切なことだと思います。素晴らしい！

だけどここでひとつだけ考えていただきたいことがあるんですよ。

「まずは努力してから、それから楽しむ」

それではつまり、まず「努力」してから、その結果として「楽しむ」という順番になっていると思います。逆に言うと、「楽しむ」ためにはまずは「努力」しなければならないのが前提ってことですよね。

勤勉でとても素晴らしい順番だと思うのですが、ひとつ落とし穴があります。

昔から「いつかと化け物には会ったことがない」という言葉があります。

「努力して→結果を出して→楽しむ」から「楽しんで→努力して→結果を出す」に変えてみては？

「いつか」とは未来のこと。「いつか一緒に飲みましょうね」というのは、「そのうち時間的にゆとりができたら一緒に飲みましょう」という意味。これは「そのうち」とか「お金に余裕ができたら」とか「仕事が落ち着いたら」とか「定年退職したら」も含まれます。

「いつか」って、いつ⁇

人生って時間が有限なんです。
「いつか」がやってくる保証なんてどこにもない。
待ってる間に人生がタイムオーバーになっちゃうこともあるのですよ。

仮に「いつか」がやってきたとしても、その時のあなたは今のあなたと同じようにそのことを楽しむことができるでしょうか？　やりたいと思えるのでしょうか？

残念ながら人間は歳をとります。これは誰一人逃れられない現実です。お金はいっぱい稼げるようになったけども自由に遊ぶ体力がなくなってしまった、なんてことはよく聞く話ですよね。

今若いあなたにとって楽しいことって、三〇歳　五〇歳　七〇歳になった時に「楽しい」と思えるかどうか？　「楽しい」ことって、実は今この瞬間限定のものなのかもしれません。

ここであなたは「でもやっぱりちゃんと結果を残すためには、今努力をしないといけない」と言うかもしれませんね。

それならばいっそ「努力して↓結果を出して↓楽しむ」という順番ではなくて「楽しんで↓努力して↓結果を出す」という順番にしてみてはいかがでしょうか?

全然不可能じゃないと思います。むしろ成功への道筋ではないでしょうか。

「楽しむ」ことが成功への近道!?

スポーツを頑張った方だったら見たことあると思うのですが、ずば抜けたスピードで腕を上げていく選手って、なんかこう練習をすごく楽しんじゃってたりしませんか?

みんなが苦しい思いをしている中で、苦しいながらもなんだかんだ楽しんじゃってる人。

努力すること自体がもう楽しいんだから、苦しいわけがない。楽しいんだから、いくらでもできちゃう。努力が楽しくて一杯努力しちゃうからそりゃあメキメキ上達しますよね。


学校の勉強が楽しくてしょうがなかったら、テストの日が指折り待ち遠しいでしょう。

勉強が楽しくて楽しくてしょうがなかったら、東大にも楽勝で入れるでしょう。

掃除が楽しくて仕方なかったら、家の中は常にピカピカでしょう。

仕事が楽しくて仕方なかったら、いくらでも働いてあっという間に昇進するでしょう。


ここまで読んでみていかがでしょうか？


「そんなことありえない。理想論だ！」

そう思ってくれても大丈夫です。

だけど、「努力することが楽しい」と思える人が、「努力が辛い」と考える人よりも何倍も成長が早くて、しかも人生を楽しんじゃってるのは想像できると思います。実際そういう人が世の中にいっぱいいるのです。

「楽しみながら努力するなんて自分には無理」

そんなこと思っちゃった方も、どうか心配しないでください。どんな人でもきっかけさえあれば楽しみながら努力できるようになるハズです。

ただ一つ残念なことに、全然楽しいと思えないのに「楽しい　楽しい」と呪文のように唱えたって、楽しい気分にはなりません。それでは自分の感情に嘘をついていることになってしまいます。心が感じてることと逆のことを頭で考えようとしちゃうと、心が疲れてちぎれてバラバラになってしまいます。

逆に「楽しめない自分はダメだ」なんて思ったら、なおいけません。「楽しむ」ことを切望するばかりに逆の方向へ行ってしまいます。

今はただ、「楽しみながら努力できればラッキーだな〜」くらいに考えていただければ合格点です。

「楽しむ」ことが「努力」の原動力になる、ということだけ頭に入れておいてくださいね！

3章

与えられた命だから

今、こうしてワタシが生きていること自体が奇跡

私は人生で一番大切なことは何ですか？　と聞かれたら、「楽しむこと」だと答えることはお話ししました。私の座右の銘であり、そして二人いる息子達にもそう言って育ててきました。

そう思うようになったきっかけをお話するには、ワタシが生まれた四六年前まで時計を巻き戻さなければなりません。

私が生まれた時、
いや、正しくは産まれる直前に
私は「死んでいた」そうです

いや、比喩じゃなくて！

そして、今こうしてワタシが生きていること自体が、まったくの奇跡だというのです。

当然のことですが、当のワタシに当時の記憶がある訳もなく、ここからお話しするのはあくまでも祖母から聞いた話です。一部始終を見ていたという祖母は、幼いワタシに次のような話をしてくれました……。

ワタシが母から生まれた時、産声は上げませんでした。

オギャーと鳴き声を上げることはなく、ぐったりしていたのです。

当然、呼吸はしていません。

四一〇〇グラムの巨大児になっていたワタシはそれだけでも難産なのに、運が悪いことにへその緒が首にからまってしまい、そのままの状態で産道を通ってきてしまったのです。

先生も、助産婦さんも、みんなが一心不乱で心臓マッサージを続けて

その時のワタシの皮膚の色は、チャイナボーンの陶器のように真っ白だったそうです

産声を上げなければ、当然呼吸もしない。

小さな産婦人科の病院だったそうですが、その瞬間から大騒ぎになりました。

通常ならば、医療器具を使って機械の力で強制的に空気を送り込む処置を取るべき状況なのだそうですが、産婦人科の先生は、心臓マッサージと熱湯と氷水によるショック療法での蘇生を選びました。

その理由として、赤ん坊が自分の力で肺呼吸をしない限り、脳に障害が残ってしまう可能性があったからだと、先生が後に祖母に語ってくれたそうです。

先生が心臓マッサージをしますが、五分経っても、一〇分経っても、産声を上げない、真っ白な赤ん坊。

助産婦さんだけでは手が足らず、病院の中の掃除のおばさんや、それこそ給食担当の方も総動員でお湯を沸かしたり、氷を運んだりして、病院中の総力戦になりました。

けれど、その努力も虚しく、三〇分たっても赤ん坊は泣いてくれない。

これがもし大病院だったら、とっくに死亡判断が出ていてもおかしくなかったそうです。

それでも、先生も、助産婦さんも、掃除のおばさんも、みんな諦めるどころか、赤ん坊の蘇生を信じて一心不乱に心臓マッサージを続けていた、と祖母が涙目で語ってくれました。

心肺停止から三五分で蘇生して、全くの健康体

そして……蘇生法開始から三五分ほどたった時、ついに分娩室に赤ん坊の産声が上がったそうです。

そんな大変なことがあったためなのか、私が生まれて最初の写真はスッポンポンです。全身真っ赤にして大泣きしている姿です。

実はワタシは、生まれた時の写真は、みんなスッポンポンで写真を撮るものだとばかり思っていましたが、小学生高学年くらいでそうではないことを知って驚いた記憶があります。しかし今にして思えば、本当にそれどころじゃなかったんでしょうね。

これだけでも奇跡的な蘇生だったのですが、実はそれだけではないのです。

これを読んでいる皆さん、お手持ちのスマートフォンで「心肺停止状態からの蘇生率の時間グラフ」を検索してみてください。

まず心肺停止になると脳への血液の供給が止まり一五秒で意識を失います。そしてそして脳への血流障害のダメージは時間ごとに増加していきます。生き返るかどうかは文字通り一分一秒の勝負なのです。

心肺停止から三分以内であれば七五%の蘇生率が望めますが、五分経過すると蘇生率は二五%まで低下します。

そして七分を過ぎると蘇生率は限りなくゼロに近づいていくのです……。

心肺停止から三五分も時間が経った状態での蘇生率は、果たして何パーセントだったのでしょうか？

そしてそれだけじゃないのです。

心肺停止が五分以上続くと脳に障害が残る可能性（蘇生後脳症）が高まると言われているのですが、ワタシの場合は蘇生後、全く異常が見受けられなかったのです。

三五分以上も心肺停止状態が続いたのに蘇生して、しかもまったく脳障害もなく健康体で育っていったのです。

「幸せになってね‼」と聞こえた気がしたのを覚えている

祖母は、幼い私に言いました。

「あんたの命はたくさんの人おかげで助かったんじゃけん、心から感謝せんといかんよ。助けられた命ということを忘れんようにしんさいよ」と。

言われた時は正直、祖母が何を言ってるのか意味が分かりませんでした。

ですが、それから一〇年後に赤十字で救急救命法の講習を受けた時に衝撃を受けました。

なんど教科書を読み返しても、今こうして自分が普通に生きていることがまさに奇跡そのものではないか？　と、殴られたような衝撃となって、全身を貫いたのです。

想像してみました。

真っ白な肌の色で、ぐったりした姿で、息をもしていない赤ん坊を見た祖母の気持ち、母の気持ち。

蘇生法をしている時の
産婦人科の先生、助産婦さん、掃除のおばさん、給食のおばさんたちの気持ち。

みんな、どんな想いで三五分間も心臓マッサージをしてくれたのでしょうか？

そして、私が産声を上げた瞬間
みんなが私にどんな言葉をかけてくれたのでしょうか？

それを想像した時、私の耳には
「ようこそ、この世界へ！」
「幸せになってね‼」
……と、聞こえた気がしたのを、今でもはっきり覚えています。

助けてくれた皆さんに恩返しするためにも

幸せとは何か？
それは笑っていること？

笑っているということは……
喜んでいるということ？

どうせ一度は死んだ命だ。もう怖いものはない！
よし、それならば、助けてくれた皆さんに恩返しするためにも、これから起こるであろう出来事を、片っ端から楽しんでやろう！

そう心に誓ったのでした。

少し長くなってしまいましたが、これがワタシが「人生をとことん楽しんでやろう！」と誓うきっかけになった話です。

もちろんワタシも人間ですからして、怒ることもあれば、悲しむことも、悩むことも苦しむことも（少しだけ）あります。だけど、ちゃんと落ち込んだあとは、「よしっ！ それじゃ、どうしようか⁉ どうしたら楽しめるかなっ⁉」と前を向くようにしています。

大変なことや、悩んじゃうことや、困ったことや、怒ってしまうことなどを、どうしたら「楽しむ」ことができるのか？ このＤＩＹ道楽テツがどうやってきたのか？ それはここから語らせていただきますよ～！

4章

「楽しい」ってなんだろう?

あなたにとって「楽しいこと」とは

ここで質問です。

今、この本を読んでいるあなたにとって、「楽しいこと」とはいったい何でしょうか？

漫画を読む
お笑い番組を見る
ディズニーランドに行く
ドライブをする
美味しいものを食べる
買い物に行く
二度寝する

スポーツをする
旅行に行く
アニメを一気見する
写経をする
山登りをする
草原に寝転がる

・・・・

挙げたらキリがないですね（笑）。


ワタシにとって「楽しいこと」とは——

これは読んでいるあなたも共感してくれると思います。

ですが、右に挙げた例のうちいくつかは、「それって楽しいの?」と、思ったかもしれません。その通り！　正解です。

ワタシにとって「楽しいこと」とは

次に、ワタシ（ＤＩＹ道楽テツ）自身が「楽しい」と思えることを並べてみますね？

ボロボロのバイクを眺める
一日中、エンジンを磨く
走っていたらバイクのエンジンが突然止まった
バイクのメッキに錆が発生していた
突然大雨が降り出した
丸一日、ずっと歩き続けてみた
バイクがパンクした
台風の土砂降りのなか自転車で通勤する
エンジンから変な音がして焼き付いた

・・・・・

「は？　ソレのどこが楽しいの？」

安心してください。そう思ったあなたは正常です。
そんなことを「楽しい」と思ってしまう私の方が、少しマイノリティなのかもしれません。

では、ここで「楽しい」と思える私と「楽しいとは思えない」あなたと一体何が違うんでしょうか？

とどのつまりは「自分がどう感じるか」

起こっている事実は同じ。

客観的な状況も同じ。

一つだけ違うのは、どう感じるか？　つまりは「主観」です。実はこれが、めちゃくちゃ大切なことだと思うのですよ！

全く同じ出来事が起こっても、そこにいる人たちによって「どう感じるか」が全く違う。時には一八〇度違っちゃう。

例えるならば、ラーメン屋さんで激辛のラーメンを食べたとします。激辛ラーメンが好きな人にとってはそれはもうたまらないでしょう。だけど辛いのが苦手な人にとっては、もう苦痛以外なにものでもありません。

冬が好きな人にとっては、寒くなれば嬉しいかもしれませんが、冬が嫌いな人にとっては消極的な気分になってしまうでしょう。

夏が好きな人にとっては、暑くなればウキウキするかもしれませんが、嫌いならクーラーをつけて部屋に引きこもってしまうでしょう。
常夏の楽園と言われるハワイでさえ、暑いのが嫌いな人にとっては一年中不快な環境に感じられてしまうはずです。

つまり結局とどのつまり、「自分がどう感じるか」↑コレです。
とてもシンプルで簡単なことなのですけど、実はこれがとてもとても難しい。

本が嫌い、活字を読むのが苦痛な人は、九九%今この文章を読んでいないでしょう。だけれど、今、あなたは本を読んでいます。ありがたいことに、私の本を読むことによって何かを得られると思って読んでくれると思うのですが、この本を読むという行為自体、読書が嫌いな方に説明するのは非常に難しいのです。

今この地球上で、毎日毎日、客観的に見て良いことも悪いことも、たくさん起きています。けれど、それを「自分がどう感じるか？」はその人自身に任されているのも事実なのです。ニュースでは一方的な価値観で報道されますが、当の本人たちに聞いてみないことには、どう感じているかは分からないのです。

何かが起こった時に、自分の心が「楽しい」と感じる、つまりそれは自分自身の「反応」です。もうちょっと言えば、外部からの「刺激」に対して自分が「楽しい」と感じたからこそ「楽しい」と思えるわけですよね。

どんなトラブルが起きたとしても「楽しい」と思えたとしたら

先程、私が「楽しい」と思える例を挙げてみました。

もちろん共感してくださる方もいらっしゃいますが、残念ながらこれまでの経験上「ナニが楽しいの？」と言われてしまうことがほとんどでした。

でも、仮にですが……

車でドライブ中に、タイヤがパンクして、しかも勢い余って道路の側溝にハマって、何とかしようと思ったところに夕立の土砂降りになってきたら……「よっしゃ！」とか言いながら私はおそらくハイテンションになるでしょう。

これは虚勢でもネタでもなんでもなく、本当に「楽しい」と思えるんだからしょうがない（笑）。

だけど、ここで想像して欲しいのですが、これからの人生、どんな「トラブル」が起きたとしても、あなたにとって「苦難」と言えるような壁が立ちはだかったとしても……、

その時あなたが「楽しい」と、思えたとしたら？

落ち込むどころか、ウキウキするとしたら……⁉

立ち止まることなく、滅入ることもなく、いやむしろ嬉々として、その状況を「楽しむ」ことができたならば……

なんか、人生の、「怖いモノ」が無くなる、そんな気がしませんか⁉

スターを取ったスーパーマリオの如し。どんな敵も体当たりするだけでポコポコ吹っ飛んでいくようなそんな人生。まさに文字通りの「無敵」状態。

自分の価値観を変化させるには

とは言っても、自分がどう感じるかの価値観は生まれてから蓄積したもの。親から学んだこともあれば、地域的、人種的に刷り込まれたもの。心に強く焼き付けられたものであり、人の価値観はなかなか変われるもんではありません。偉い人の話を聞いたり、ちょっと本を読んだぐらいで変わるほど簡単なものではないと思います。

自分の価値観を変化させるには…

よっぽど強い意志を持って時間をかけて学び続けるか、マインドコントロールと言われる強い洗脳を施すか、はたまたパラダイム転換を起こすほどの強烈な経験を積むか、どれかでしょう。

ここでワタシのケースを話させてください。

それまでの世界観がひっくり返る経験をしたのです。

二〇歳の時でした。

祖母に自分の出生の話を聞いて「人生を楽しもう!」と誓ってから、ちょうど一年後の話。

それは、ワタシのこれまでの人生で最も辛く苦しかった経験であり、その一方で人生の中で最も楽しくて幸せな経験でもあった、半年にわたる「原付バイクでの日本一周旅」が、ソレでした。

専門学校を中退して、なぜ突然旅に出てしまったのか？
そしてその旅先で、一体何を経験したのか？

次の章では、私の旅人時代の経験をお話しさせていただきたいと思います。

5章

人生が三五九度変わった原付バイクでの日本一周

原付バイクで日本一周をする決意した時

もし、ワタシが「人生を楽しむための極意」のようなものを身につけているとしたならば、そのきっかけはアレしかありません。それは、二〇歳の時の「原付バイク日本一周旅」です。

それは、ワタシの人生が、三五九度変わった経験。

三五九度？　ほとんど一周元の場所に戻ってるじゃん！……て⁇

いやいや、違う、チガウ。戻ってるわけじゃないんです。一見戻っているようだけどちょっと違う。このワード、この章の最後まで覚えておいてくださいね。

ワタシは二〇歳になった一九九六年、当時通っていた専門学校を中退して旅に出ました。旅に出たきっかけですか？　う〜ん、忘れてしまいました。

何かすごく悩んでいたことを覚えているのですが、今はもう覚えていません。旅に出たのはほとんど衝動的だったと思います。その代わり、なぜか危機感だけは強く持っていました。「今やらなければ、一生できない。とても卒業までは待ってられない」とにかくそう強く思っていたことだけははっきり覚えています。

一九歳の頃のワタシは、自分に自信を持つことができませんでした。部活にしても勉強にしても、人に誇れるものがなかったので、日本一周を達成することで少しでも自信をつけたかったのだと思います。

旅の相棒に選んだマシンは、原付バイクでした。

当時、スズキのＧＡＧという、ホンダのモンキーと同じぐらいの大きさの小さなマシンに乗っていたのですが、暗いところで段差に突っ込んで車体が壊れてしまったので、そのエンジンだけをＮＳＲ80というこれまた小さなバイクに搭載して、それを旅の相棒に決めました。

少しでもバイクに詳しい方なら分かると思いますが、笑っちゃうほど旅には不向きなバイクです。でも、なんででしょうね。。こだわりというか直感というか、もう「このバイクじゃないと旅に出られない」とまで思ったものです。

そして、気になる旅の資金は、アルバイトで貯めた六万九〇〇〇円だけ。それだけでした。本当はもっと用意できるはずだったんですけども、なぜか何だかんだなくなっちゃったんですよね〜。

母の言葉「必ず帰ってきなさい」父の言葉「何が起こっても人のせいにするな」

他の持ち物といえば、学校のキャンプの時に買った三八〇〇円の寝袋、五〇〇〇円ぐらいの安物のテント、ホームセンターで買った九八〇〇円のコールマンのガソリンストーブ、そして五〇〇円の小さな鍋と、あとは着替えくらいのものでした。最後に地図（まっぷるの全国版）を買って、緑の大きな箱に突っ込みました。

それまでバイクで長距離ツーリングなどほとんどしたことがなく、ましてや当時はインターネットもなかったので、日本一周と言っても全くイメージは掴めていませんでした。バイクで日本一周した人の情報なんてほとんど皆無だったのです。今の若い方には想像もできないかもしれませんね。

だけど、不思議と不安は全くありませんでした。もちろん、周りの人は心配してくれたのですが、私自身何がどう不安なのか理解できなかったというのが正直な気持ちでした。いやむしろ何が不安なの？　できないなんてことあるの⁇

嗚呼、なんと怖いもの知らずな若さよ。だけど、そんな旅に出ることを許してくれた親には本当に感謝しています。

「今しか見れないものをその目に焼き付けてきなさい。そして、必ず帰ってきなさい」とは、母の言葉。

「旅に出るのはお前の自由だ。だけど、何が起こっても人のせいにするな。そして絶対に後悔するな」これが、父の言葉です。

そして出発の日を迎えました。

日本一周をしながら感じたこと

一九九六年七月一九日の午前一時三〇分、実家のある神奈川県相模原市を出発しました。
ここから一万七一〇九㎞を走り切り、クリスマスイブの一二月二四日に帰ってきたのです。
ここに、原付バイクの日本一周は達成されました。

バイクの一人旅はまさに「自分探し」
感動するような雄大な絶景や、忘れられない景色
日本各地で出会った美味しい食べ物

そして……

一人旅ならではの孤独や、辛いこともたくさんあったけれども
行く先々で素敵な出会いがあり、そして同じ数の別れもあり、
ひとまわりもふたまわりも成長した自分を引っさげて、ワタシは帰ってきたのでした。

なぁんてことは、まったくありませんでした!!

これは「旅」をしたことある人なら必ず頷いてくれると確信しています。「旅に出て自分探し」なんて、テレビやドラマの観過ぎってもんです。映画じゃなければ小説でもないんですよ。

旅の九〇%は辛いことばかり

旅の現実はそんなドラマチックなものじゃない。

ぶっちゃけちゃいますと「旅」の九〇%は辛いことばかりです。大変なことばっかり。正直な話、旅をしている最中に楽しむ暇なんてありゃしません。

朝起きて、ご飯を炊いて、食器洗って、歯磨きをして、テント畳んで、はいスタート。ナビもスマホも無い時代だったから地図を見ながら走って、コンビニやスーパー、ましてやキャンプ場がどこにあるのか分かるはずもなく、寝る場所が見つからなければ真っ暗になってもひたすら走る羽目になるし、スーパーが見つからなければ飯抜きなんて日常茶飯時。雨なんかに振られた日にゃ、びしょびしょに濡れながらテントを張って中に転がり込んだら、オウ、シット！　防水の袋が破れてて寝袋がびちゃびちゃになっていたもんだから、持っている服を全部着て震えながらひたすら朝を待ちわびる。そして朝になったら……

(※最初に戻る)

……ってなもんです。

素敵な出会いよりも、ポリスマンに職務質問された数の方が多いくらいです(ネタではなくて、実話です)。

今こうして書いていたらうっすら涙が出てきました。こうして思い出してみても、本当に本当にホンットウに辛いことばかりでしたね～。

だけどね、不思議なもんですよ。

辛いことばかりしか思い出されないのに、なぜかニヤニヤしてしまう自分がここにいるのです。

「楽しい」とは自分の中から湧き上がってくる内部要因

「楽しい」という価値観が大きな変化を遂げるきっかけになったこの「日本一周」という旅。今にして思えば、

①驚愕から戸惑い、耐えて、苦しんだ前期

②試行錯誤から発見をして、学んで、楽しみを見つけた中期
③決断に自信と確信を持って、迷いも無く、喜びに満ち溢れた後期

といった、前中後の三期に分けられます。

旅の初めの頃のワタシは、「旅とは　スタートのA地点からゴールのB地点へ向かうもの」と考えていました。ですが、最終的には「旅とは、全方位の選択を繰り返すうちの、無限の結果のうちのひとつ」であることに考え至りました。また、自分の「楽しい」とは、景色や出来事や食べ物といった外からやってくる「外部要因」ではなくて、そのすべてが自分の中から湧き上がってくる「内部要因」であることに考え至ったのです。

……なんか、自分の世界に浸ってるような意味不明なことを口走ってますね。つまりは、出発前に考えていた日本一周という旅とは、全くの別物だったということです。

原付バイクで日本を旅しながら、どこでどんな経験をしたか。

そのエピソードがありすぎて全てを語ることはできませんが、ここから（ほんのちょっと）一部を皆様にお話ししたいと思います。

6章

旅の途中、どこで、どんな経験をしたか

【エピソード①】

悲報！ 自分の「世界」はたった一日の距離でした

旅の出発は「富士山から始めよう」と決めていました。特に理由なんてありません。とにもかくにも、富士山の頂上に登らないと旅が始まらないと思っていたのです。余談ですが、富士山は幼少時代に一度親と登っているのですが、高山病にかかってしまい八合目付近で挫折しているのです。

そんな経験があってか、「富士山に勝たない限り」は、なんか自分の旅が始まらない気がしたんですよ。

五合目までバイクで登って、そこから富士山に登りました。ウィンドブレーカーだけ羽織って、持ち物はペットボトルの水だけ。今からすれば無謀極まりない装備だったのですが、さすがパワー溢れる二〇歳。昔のトラウマどこへやら、あまりにもあっさり頂上にたどり着きました。

富士山から下山してきて再びバイクで走り始めたのですが、御殿場から箱根を通って厚木を抜け横浜に来たあたりで気づいてしまったんですよ。

「あれ、この先ってどうなってるの？」

そうなんです。横浜から東を知らなかったのです。中華街までは家族で来ていたので知ってる風景なのですが、その先を全く知らない。テレビでは見たことあるし、教科書にも載っていたけれど千葉県がどんな所か全く予想が出来なかったのです。

これまで二〇年間かけて自分が暮らしていた範囲なんて、まぁ驚くほどちっぽけなものでした。たかが原付バイクとはいえど、ものの一日走っちゃえば、二〇年分の「自分の世界」をあっさり脱出できてしまったのでした。

この先は全く未知の世界。

インターネットが無かった時代ならではの興奮と感動かもしれません。

「知らないことは、楽しい!!」

これが、ワタシの困惑と興奮の記憶です。

【エピソード②】七キロのダイエットに成功してしまったようです

旅に出て一番の変化は体重が激減したことです。笑っちゃうほど減っていきました。ずっとバイクに乗ってるから運動してないはずなのに、日に日に痩せていきます。

そりゃ、そうだ。

最初の一週間は、三食チキンラーメンでした。なにせお湯を沸かすことぐらいしかできなかったので、簡単に作れるチキンラーメンばかり食べていたのです。

でもある時から、チキンラーメンを全く受け付けられない体になってしまったので、今度は食パンにレトルトカレーをのっけて「カレーパンだ」と言ってみたり、カップ焼きそばを乗せて「焼きそばパン」とか喜びながら食べてました。

そんな食生活だったので、結果として三週間ほどで七キロのダイエットに成功してしまったようです。

立ち寄った銭湯で、鏡の中に映った自分の顔を見てさすがに愕然としましたね。

「このままじゃヤバくないか…⁉」

旅をしていると、三食の食事は全て自分の責任です。

外食に頼るようなお金もなかったので、自炊しか選択肢がないわけですが、インスタントラーメンや食パンだけでは間違いなくヤバイ方向に進んでいるのを感じました。

「ちゃんと考えて、選んでいかないといけない……」

走るルートだけではなく、食事も全て自分の「選択」。そしてその結果は「自己責任」。

これが、これまで学校の先生や両親に頼りきっていた自分を実感したエピソードです。

【エピソード③】
生涯で一番まずい飯がとてもおいしかったこと

「このままじゃ死ぬな」と思って、お米を炊いてみました。とりあえずお米を買ってみたものの、どうやら自分は「米の炊き方」を知らなかったようです。

キャンプで飯盒《はんごう》炊飯した経験はあるのですが、言われた通りにやっただけなので、そもそも米が炊ける仕組みをよく理解していなかったのですよ。

とりあえず手持ちの鍋にお米を入れて、指の第一関節まで水を入れて、コールマンのガソリンストーブの火にかけてみました。そう言えば蓋がないけど、なんとかなるかな⁇　なんて思ってましたが。

もう予想は着くと思うのですが、いきなり吹きこぼれるし、その結果は惨たんたるものでした。お米は全く柔らかくならない。そのくせしぶとく煮込んだものだから、表面はニチャニチャと柔らかいのに、お米の芯はガチガチと硬い。まさに「ニチャガジ」状態で、生まれてこのかた「こんなにまずい飯は食ったことない！」と、テントの中で笑い転げました。

めちゃくちゃまずいご飯なのに、涙目のまま完食。久々に食べる白米が全身に染み渡るのを感じました。お米の炊き方すら知らなかった自分を強烈に痛感すると同時に、お米の炊き方を自己流で考え始めた瞬間でもありました。

「死なないために、料理も覚えなくちゃ」
これが、自分で料理を始めてみようと思ったエピソードです。

【エピソード④】
紫とオレンジ色の空とコーヒーと

あれは秋田県の男鹿半島のキャンプ場だったと思います。夜やることがなくて必然的に寝る時間が早くなっていたので、結果として朝起きる時間がだんだんと早くなってきた頃でした。

目が覚めると、外はうっすら明るくなっていてちょうど夜明けの直前だったので、先日初めて買ってみたインスタントコーヒーを入れてみることにしました。

お湯を沸かして、コップにインスタントコーヒーを入れて、お湯を注いで、さぁ飲もうかと思った時、ふと空を見て驚いたのです。

太陽が出る直前、空は青紫とオレンジ色に真っ二つに分かれていて、山の稜線から太陽が昇り始めるところでした。

たった一人のキャンプ場で日の出を見る経験なんて、これが初めてだったと思います。安いインスタントコーヒーだったのに、そのコーヒーのなんと美味しかったことか。昇ってくる太陽に見入ってしまい、思わずコーヒーもおかわりしてしまいました。

不思議な気分でしたね。太陽なんて毎日昇っているはずなのに、こんな風にじっくり太陽を見つめるなんて初めてだったのですよ。それは「感動」というのとはちょっと違う感情でしたが、その時から私は夜明けの空の色が大好きになったのです。

これが「感動って気付いていないだけで、実は毎日転がってるんじゃないか？」と実感したエピソードです。

【エピソード⑤】
ご飯をおかずにご飯を食べる四人の男たち

しばらく時が過ぎて、北海道に突入した頃の話です。その頃になると米を炊くのも上手くなっていました。米は安くてコスパがいいので、ひたすらご飯ばかり食べていましたっけか。

ある時泊まったキャンプ場に、偶然居合わせた旅人が四人いたのですが、揃いも揃って全員が「極貧ライダー」だったのです。とにもかくにもお金がない。すっごい貧乏（笑）。食べるものと言っても、コストパフォーマンス最強の古米か古古米、いわゆる「標準価格米」ばかり食べていた男たちです。

そんなライダーの一人が差し入れをしてくれました。どこで貰ったのか知りませんが、最高級の新潟魚沼産のコシヒカリ（！）を手に入れたというのです。

そりゃもう大騒ぎですよ。魚沼産コシヒカリですもの。

その貧乏ライダー四人は何を思ったのか「コシヒカリをオカズにしよう」とか言い出して盛り上がったのです。

各々、自分のお米を炊く一方で、その最高級コシヒカリは水が透明になるまでしっかり研いで、そしてしっかり含浸させて、一番腕に自信のあるライダーが知りうる限り最高の火加減で焚き上げたのです。

ちょっと想像してみてください。

北海道のキャンプ場の片隅で男四人が集まって、真ん中に置いたコシヒカリをおかずにしながらそれぞれの鍋で炊いたご飯を食べる姿を。

笑い話にしか聞こえませんが、お米の味は本当に違います。最高級のコシヒカリと言ったらモウ、その艶といい甘味といい、粒の形といいモッチリ感といい、どれをとっても文句なしの味でした。

いやもう、思い出しただけでよだれが出る（笑）。

お米を炊いてご飯を食べる。日本人だったら一日に一回から三回は当たり前のように食べる日常的なことなのですが、あれほど大切にお米を炊いてうやうやしく食べた経験は後にも先にもありません。

「美味い。幸せ！」

あんなにお米が美味しいと思ったことはない、そんなエピソードです。

【エピソード⑥】
パン耳のあいだの幸せすぎるアレ

旅の後半になると、もう貧乏生活が日常化していました。実は、一日の食費が一〇〇円くらいしか使えなかったのですが、不思議と食べるものには困ってなかったんですよ。

その中の一つが「パンの耳」。

パン屋さんでお願いすればもらえるところもありますが、時々見かけるパン工場になると「持っていきな〜」と、大袋に入ったパンの耳をもらえることがありました。その大きさ、ちょっと抱えるくらい。かなりの量です。

焼きたての食パンの、パンの耳。もうそれだけで何もつけずにいくらでも食べることはできたのですが、ごくたまに「当たり」があったのです。

場所によってはサンドイッチも作っていて、具材を挟んだ後に最後に耳を切り落とすのですが、その時にタマゴやらレタスやら、ポテトやらハム（！）が一緒に混ざっていたりします。その「当たり」を引いた時には……もう最高の気分でしたね。至福の極み！

お金がなくて食べるものが買えずに、パン屋さんでパンの耳を貰って食べる生活。どう考えても貧乏極まりないのですが、その時の当の本人はとても楽しんじゃってたんですよね。これっぽっちも辛いと思っていない。

他にも、じゃがいもの農家さんから捨てることになるような「小さすぎるイモ」を貰ったり、サツマイモを収穫している畑で、これまた捨てられる細いサツマイモをたくさん貰ったり。こちらは食べ物をいただいて有り難い限りなのに、なぜか農家さんからも感謝されるという不思議なサイクル。

お金がないという苦しい状況のはずなのに、ちょっと見方を変えるだけで食べ物には苦労しなくなっていました。食べ物に関するエピソードはこの他にもたくさんあって、あの感覚は今でもしっかり残っています。

「お金がない＝貧乏＝辛い」ではなくて、お金がなくても、貧乏でも「それもまた楽しい」と思えるようになっていました。

「見方を変えたら、貧乏も楽しい！」

そう思えた、そんなエピソードです。

【エピソード⑦】

粉砕したベアリングと、ウミネコの声

これは忘れもしないトラブルの話です。

ちょうど丹後半島を走っている時でした。

実はそのちょっと前から、後ホイールのベアリングから変な音がしてるなとは思っていたのですが、小高い坂を登って下りに差し掛かったところで、「ギャーーーッ」という、まるで金属が引き裂かれるような悲鳴に似た音がして、その直後「バクンッ」という破裂音のような断裂音とともに、バイクが上下左右にガタガタ揺れて走行できなくなってしまいました。

路肩に停まって調べてみると、後ろのタイヤのホイールのベアリングが粉砕していたのです。押して歩くだけでもガッコンガッコンとなってしまって、完全に走行不能になってしまいました。

丹後半島国道一七八号線、袖志の棚田のすぐ近くだったと記憶しています。突然走れなくなった相棒のバイクを前に、なすすべがない自分。

聞こえてくるのは、一定間隔の波の音と「みゃあみゃあ」というウミネコの声だけ。
人気のない場所で、ほとんど車も通りません。

さぁ、どうしたものか。

周りに民家もないし、当然バイク屋さんなんてありゃしない。
一瞬「日本一周旅の中断」という言葉も浮かんだのですが、落ち込むより先に
ワタシは別の行動を取ったのです。

持っていた紙に「ベアリング粉砕　どーしよ」って書いて、それを手に持って
カメラで自撮り写真をパシャリ。

自分の力ではどうしようもない状況だったのですが、悩んでもしょうがない。
直感的に写真を撮ろう！　と、そう思ったのです。それと同時に「これは、い
つか鉄板ネタになるぞ」と思ったのでした。

その時の日記にはこう書かれてます。

「いつかこの状況を笑えるはず」

トラブルが起きて、自分では直すことはできない。何とかしなきゃいけないいんだけどその解決策すら思いつかない。だけど、ここで悩んでいても何も始まらない。だからこそ、今この瞬間を記録する。そこから始めよう。そのためにまずは写真を撮る！


なんでそんな考えに至ったのかよく分からないのですが、走るルートにしても食べるものにしても、その全ては自分で選択しなければいけないのが「旅」です。

このバイクを選んだことも、ここまで走ってきたことも、これだけ重い荷物を積んでいるのも全て自分の責任なわけで、その結果としてベアリングが粉砕したということだったんですよね。

一〇〇%自分が選んで行動してきたことの結果だったので、もう嘆くこともできないし、後悔することも許されないですよ。それならば今自分ができることといったらこの状況を「記録」すること。まずはそこから始めよう、と思ったのでした。

この後、ガクガク揺れるバイクを何とか押して歩いて、やっと見つけた漁村を一軒一軒巡って、親切な方の軽トラでバイクを運んでいただいて、宮津市にある「モトハウステラオ」というバイク屋さんで（しかも格安で！）直していただいたのでした。

あの時あの場所で助けていただいた方々には、本当に感謝が尽きません。その節は、本当にありがとうございました。

この時に自分が学んだことは、自分が諦めさえしなければ必ず道が開けるということ。この時以外にもマシントラブルに見舞われることがあったのですが、

モトハウス テラオ 2-0785

不思議なことに、その度に必ずどこかに解決策があったのですよ。自分が動くことで、まるで用意されていたかのように解決策が見つかるのです。「トラブルは解決策とともにやってくる」という言葉を聞いたことがありますが、まさにその通りでした。

あの時に撮った写真は今も残っていますが、トラブルに遭いながらも負けることなく前に進もうとした自分は、今でも誇りであり自信になっています。あの経験をしてからというもの、トラブルが起きたときにまず写真を撮るというスタイルは今でも続いています。

「いつかこの状況を笑えるはず」

写真を撮ることによって、自分が置かれてる状況を「客観的に見る余裕」が生まれるので、そこから「じゃあ、今できることは?」と、前に進めるのが大切なことだと学んだエピソードでした。

【エピソード⑧】明日が楽しみになった日

旅に出る前まで、旅というのはA地点からB地点まで走る一本道だと思っていました。日本一周だったら時計回りか反時計回り。決めたルートを走りきることで旅を達成できる、そう考えていたのです。

でもそうじゃなかった。

旅は毎日が選択です。もっと言うと、交差点ごとにどちらに曲がるかすらも選択し続けるのです。食べ物だってそう。何時に、どこで、何を、どうやって食べるか。寝るとこだってしかり。そんな感じで旅をし続ける限り、毎日毎日無数の選択をし続けるのですよ。

そして「選択」した「結果」として、出会う風景も、食べるものも、巡り会う人も、それこそ無限の可能性の中からたった一つを歩んでいくのです。自分が選択し続けた結果として、奇跡に近い確率の中で、日本一周という旅が紡がれていくのです。

旅を進めるうちに、テントの中で寝る前に「明日はどんなことがあるだろう？明日はどんな人に出会うだろう？」とワクワクするようになりました。

不安なんてない。ワクワクがあるのです。

旅に出る前は毎日実家で寝起きして、学校に通い、アルバイトに通う日々でしたが、旅に出てからの自分は、今この瞬間の選択で明日が無限に変化していく、そんな生活に身を置いていたのです。

トラブルが起きたって、それも自分が選んだ結果。でも、どんな時でも必ず解決策があるはずだから、まずは一枚写真撮ってから考えればいいや。そんな風に思い始めていました。

「何かあっても自分なら楽しめる。大丈夫！」

旅の後半は「明日が楽しみ」になっていたのです。

【エピソード⑨】人生が三五九度変わった経験

一二月二四日、旅が終わりました。

家にたどり着いた瞬間のことは今でもハッキリ覚えています。実は全くと言っていいほど感動がありませんでした。不思議ですよね。約半年をかけて一万七〇〇〇㎞以上を原付バイクで走ったというのに、「ゴールした」という感動がほとんどありませんでした。

それは何故か？　二〇歳の自分が書いた日記にこう書かれてました。

「さぁ、明日から何をしようか？」

単純なことでした。ゴールじゃなかったんですね。旅に出たつもりだったのですが、旅でも何でもなかった。人生のほんの一部をオートバイに乗って移動していただけで、特別なことでも何でもなかったのです。旅を終えた直後だというのに、もう明日からどんな人生を歩もうか考え始めている。

旅を終えた私を見て母が一言、言いました。

「あんた、変わったね」

これが冒頭で言わせていただいた「ワタシの人生が、三五九度変わった経験」ってことだと思います。ほとんど変わってないのですが、たったひとつ「明日を選択し続ける」ことがすっかり自分の一部になってしまっていたのですね。

「旅」をするということは「旅行」とは違います。

全てのことを自分で選択していくので、それはつまり、起こる出来事全てが自己責任になります。自分で決めて自分で責任を負うので、自分が自分の社長であり、王様でもあるのです。

走るルートや食べるもの、生活リズムまで全て自分が決めるのですが、起こる結果については自己責任なので、自分で考えて解決せねばなりません。なんたって旅をしているので逃げ道はないですからね！　親も知り合いもいないので自分だけで解決せねばならないのですよ。

そうやって自分で考えて解決していくことによって、少しずつですが自分を「頼り」にすることができるようになって、それがつまり自信につながっていきました。

逃げ場のない自己責任によって、うまくいったことも失敗したこともそしてトラブルも、結果として自己信頼と自信に繋がるのではないでしょうか。人に与えられた道を歩んでいるだけでは、決してたどり着けなかった道だったと思います。

一〇〇%自分で考えて行動する「旅」というサイクルの中で、旅の最初の頃は困惑して悩み、旅の中期では創意工夫しながら学んでいって、旅の後半は迷うことなくあらゆる局面を楽しむことができるまでに成長していました。

当時、日本一周を終えても自分自身の中で何が変わったのかよくわからなかったのですが、親だけでなく、恩師や友人も「何か変わったね」と言ってくれたので、私は旅を通してほんのちょっと（三五九度）だけ、成長できたのだと思います。

まず「選択」する。その結果の「責任」を取って、起こった出来事をまた「選択」して「解決」することによって、自分を「信頼」することができて「自信」を手に入れる。そうすることによって、どんなことでも「楽しむ」ことができるようになる……！

今こうして、改めて日本一周という旅を通してどんな経験をしたか考えてみると、旅から学んだこの一連のサイクルが、二〇歳以降のワタシの人生に大きく影響してきたことがよくわかりました。

旅は何も特別なことではなく、この日々日常も同じことだと思います。

自分で選んで、ちゃんと自分の責任としてその課題をクリアすることによって、結果として自分を信用する自信を手に入れることができる。
「自分なら大丈夫」と思えたらしめたもの。
そう思えたら、人生何があっても楽しいと思える、そんな気がしてきませんか?

7章

失敗した「話」は面白い

失敗したりトラブルが起きた時は、再生回数が伸びる

突然ですが、質問させてください。

若い方にお聞きしたいのですが、あなたの黒歴史は何ですか？

その答えの中に「過去の失敗」を挙げる方が多いかもしれません。

次に三〇歳以上の方にお聞きしたいのですが、あなたの「飲み会での鉄板トークネタ」は何でしょうか⁇

この答えの中にも「過去の失敗」を挙げる方がいらっしゃると思います。

とても興味深いことなのですが、「うまくいった話」って、正直あまり面白くないですよね。

まず最初に失敗やトラブルがあって、そこからその難関をどうやって切り抜けていくか？　どうやって解決していくのか？　その過程は観ても聴いてもワクワクするものです。

アニメのヒーローも、失敗や挫折を乗り越えて成長し育っていきます。映画の主人公も、苦難を乗り越えて成功を手に入れます。ビジネスの偉人伝は、前半は苦労話ばっかりですよね。

これはホームページでもしかりで、最初からうまくいった話はそれほどページビューは伸びませんでした。その代わり、トライ&エラーを繰り返す話は、多くの方から大変好評をいただきました。

その流れを継いだ今のYouTubeチャンネルも同様で、失敗したりトラブルが起きた時はとても再生回数が伸びる（！）のです。実際作業していてトラブった当事者としては（本音は）大変なことも多々あるんですけどね（笑）。だけども、視聴者さんはそれが面白いそうなのですよ。

長年YouTubeをやっていて肌で感じたことは、確かにトラブルが起きたり失敗した時の方が視聴回数が伸びるのですが、それと同時に、多くの方がアドバイスや激励の言葉をコメントしてくれたという事実です。

表面上は笑っていたとしても、そのコメントの裏には温かい声援を感じるのです。

自分の失敗が人の役に立つ⁉

失敗したことを笑う人なんてほとんどいません。私も若い頃は「失敗したら恥ずかしい」と思っていましたが、人って意外と他人の失敗なんて見ていないものなんですね。そこまで興味がないといったほうが正しいかもしれませんが。

いやむしろ、自分の失敗経験をYouTubeというSNSを通して世に向けてシェアすることによって、これからやろうと思っていた方や情報を集めている方にとって貴重なデータになったりもするのですよ。

自分の失敗が人の役に立つ‼
こりゃまた、なんとも奇妙な感覚でしたが、でもこれは紛れもない事実です。

そしてその失敗を出発点として、あれこれ解決して行くその過程もまた映像や文章にすることによって、同等のトラブルに悩む方の助けになったり、または豊富な知識を持つ方からのアドバイスによって、私自身がとても助けられたという好循環が生まれたのです。

そして何より一番驚いたのが「ＤＩＹ道楽テツさんはいつも楽しそうですね！」と言ってもらえたことです。

楽しい？

トラブっているのに⁇

最初は半信半疑でしたが、確かに映像で客観的に見ていると、トラブルを報告している私は笑顔でした。

なぜ笑っていたか⁇

それは単純に、ワタシ自身が「楽しんでいた」からなのでしょう。

失敗は楽しみの始まり

これまでさんざんYouTubeでお見せしてきた通り、北海道でバイクの荷台が折れたり、丹後半島でホイールベアリングが粉砕したり、北海道の富良野でクラッチが焼き付いたり、高知県でフレームが折れたり……さすがにそれだけの経験をすれば大概のトラブルはもう怖くありません。

また「必ず解決できる方法がある」と信じているので、先ほどまで語らせていただいた通り
「失敗は楽しみの始まり」とワタシ自身が強く感じていることが、その表情や言葉になって表に出ているのかもしれません。

こんなコメントをよくいただきます。

「いつも楽しそうですね」
「トラブルも楽しめるんですね！」
「トラブルを待ってました」

トラブルを期待されるというのもなんか妙なものですが（笑）。
でも……

「テツさんなら大丈夫」

「なんだかんだ直せるのでしょう！」
「どうやってクリアするか期待してます」
「安心してみてられます」

なんと嬉しいお言葉っ！！！！！

たくさんの応援で励まされ、たくさんのアドバイスで学ばせていただく幸せ

ワタシ自身、トラブルが起きた時に「まあ自分だったら何とかできるだろう」……という、なんとも根拠のない自信というか確信めいた独り言が口をつくことがありますが、同じ言葉をフォロワーさんにいただくとこれほど勇気が湧いてくることはありません。

不思議なものです。

かつては失敗することを極端に恐れていた自分が、いつのまにかYouTubeを通して、何万何十万人もの皆さんに、自分のトライ&エラーをシェアしている。そしてそうすることによって、たくさんの応援で励まされ、たくさんのアドバイスで多くのことを学ばせていただいているのです。

なんと幸せなことでしょうか。
なんと楽しいことでしょうか……！

かつての日本一周の旅は私がたった一人で半年間走り続けましたが、今のこの「DIY道楽」というYouTubeの旅は、一七万五〇〇〇人（二〇二三年三月現在）のたくさんの皆様と一緒に走っております！

さぁ～、気分が盛り上がってまいりました！

次の章ではホームページ時代から続くYouTubeのチャンネル名「ＤＩＹ道楽」の由来、そしてそのＤＩＹ道楽テツの掟（?·）ワタシ自身の「楽しんでいること」について語りつくしていきたいと思います。

8章

DIY道楽三つの掟

父の教えの「DIY」と母の教えの「道楽」をくっつけたネーミング

ワタシのYouTubeチャンネル名である「DIY道楽」という名前は、ホームページ時代から続いているもので、かれこれ二〇年ほどの歴史があります。

「DIY道楽」というネーミングのきっかけは、父親の教えの「DIY」と、母親の教えの「道楽」をくっつけたもので、つまりは両親の血を引く私のDNAのようなものです。

そんなDIY道楽には三つの掟（のようなもの）がありましてね。今回私のYouTubeチャンネルを紹介する前に、この三か条をご紹介できたらと思います。

その一　まずは自分の頭で考える

これは文字通り、どんなことでも一回自分の頭で考えます。

ワタシが子供の頃、学校の勉強というものがとても苦手だったのですよ。特に理科の実験。先生が「これとこれを混ぜ合わせるとこうなります」と教えてくれても、少しでも理解できないことがあるとどうしても納得ができない。「これはこういうものだ」と教えられたとしても、やっぱり自分の目で見て自分の手で確かめてみないことには合点がいかないんですよね。生まれついてそういう性格だったので、学校の義務教育の中では様々なシチュエーションで先生とぶつかったりもしましたし、実際成績もそれほど良くはありませんでした。自分が納得できていないので、それが答えと言われても腑に落ちないんですよね～。

それは大人になっても変わらず、本で読んだことも、人に聞いたことも、教えてもらったことも、まずは一度自分の頭でしっかり考えてみるようにしていきます。たとえ新聞で読んだこともまるごと信用するのではなく、自分の価値観や経験値と照らし合わせてみて、しっかり噛み砕いてから必要なものを吸収するようにしています。

これはあくまでも自分の考え方ですが、インターネットはもちろんのことニュースや新聞だったとしても、そこにはどうしても製作者の主観や意図が入っているので、何か真実とはズレが生じるものだと思うのですよ。特に遠方の違う国などで起きた出来事に関しては自分の目で真実を確かめるわけにはいかないので、なおさら一方的な意見には注意深く考えるようにしています。

その二 とりあえずやってみる

そんな性格のワタシなので「とりあえずやってみる」のが大好きです。思いついたことは試してみないと気が済まない。たとえそれが失敗すると分かっていてもやってみないと気が済まない。失敗したっていいんです！　そんなことは問題じゃない。試してもいないことを「そういうものだ」と決めつけてしまうほうが、私にとってはよほど問題なのですよ。

もっとも、そういう考え方では効率が悪いってのは、わかっちゃいるんですけどね（笑）。時と場合によってはこのコンセプトが足かせになってしまうことも多々あります。また、試してみたことが誤解を招いたり、ちょっとした軋轢の原因になってしまったことも一度や二度ではありません。

だけど、メリットもあります。

自分でやってみたものは紛れもない「事実」です。そのことについていくら検索してデータがなかったとしても、目の前で実際見たことなので事実なのです。本物なのです。この「本物」に巡り会えたところで、やっと私は心から納得ができるんですよ。たとえ失敗したとしてもそれは「できないことが分かった」ので、ある意味成功でもあるんですよね。

その三 失敗は持ちネタにすべし

ワタシ自身のコンセプトである「失敗上等」そのものです。

自分で考えて、とりあえずやってみよう！　とチャレンジしたので、失敗したっていいんです。なんの問題もない。失敗しなければ学べないこともいっぱいあるのでオールオッケーなのです。失敗したらリカバリーすればよし。諦めない限りは「失敗」ではなくて「教訓」なのです。

そして先ほど語らせていただいた通り、その「失敗」はネタにもなるんです。ネタと言うとちょっと聞こえが悪いですが、自分の失敗を皆さんに共有することによって、一種の財産になるんですよね。

失敗をすることによって多くの方の教訓にもなるし、逆に解決策のアイデアをいただくことができるので、その間また皆さんと共有することができるのです。「自分で考える」「とりあえずやってみる」「失敗上等」の精神は、幼い頃からの私が一貫して貫いてきたテーマです。

そういえば私の幼少時代にこんなエピソードがありました。あれはたしか小学校一年生の頃だったでしょうか。学校に行こうと家を出た私はゴミ捨て場に置き時計が一つ捨ててあったのを発見したのです。

ゼンマイ式の置時計、古い時計だけどまだ使えそう。でも残念なことにその時計はとても汚れていたのです。それをなんとか使えるようにしたいと思った幼いワタシは、家にあったドライバーセットを持ち出して何時間もかけて時計を分解して、何を思ったのか水洗いしたのです。

かくしてその古時計は内側も外側もとても綺麗になりました。そしてゼンマイを巻けば動いたのですが……三日ほど経ったある日、全く動かなくなりました。

不審に思った私がもう一度を時計を分解してみると、内部の細かい歯車がことごとく錆が発生して、動かなくなってしまったのでした。それを見た母親は呆れながら私に言いました。「精密機械は洗っちゃだめだよ」と。

そんな経験を経て、私は金属を水洗いしたら錆びるということを深い納得と共に学ぶことができたのです。不思議なことに、あの時計を分解するときに学んだマイナスドライバーでカバーを外すやり方とか、細いネジの回し方とか、いまだに右手の感覚が残ってるんですよね。

やっぱり自分がやってみた経験というのは強烈ですね……！

9章

YouTubeの動画には「楽しい」が詰まっている

楽しいことその①
とりあえずやってみる

直感がゴーサインを出せば見切り発進でオッケー

さあっ！　ここからがこの本の中核となります。ここまで長々と「楽しむ」ってことについて語らせていただきましたが、まさに文字通り論より証拠。私が「楽しいっ！」と心から思えることを皆様に紹介していきたいと思います〜！

まず第一弾はやっぱりこれですね、ワタシ自身の核でもあり原点でもある「とりあえずやってみる」コレです。


「とりあえずやってみる」

「まずはやってみる」

「何はなくともやってみる」

「やってできないことはない」

「やらずにできるわけがない！」

これは私自身のコンセプトであり、ポリシーであり、座右の銘でもあります。「これやってみたい」と思いついたことで、直感が「ゴーサイン」を出すのであれば、準備は万全じゃなくていい。見切り発進でオッケー。あれこれ考えずにトライしちゃいます。一見すると無謀なことに思われるかもしれませんが、私は自分の直感を一〇〇%信じるようにしています。

「直観はご先祖様からのアドバイス?」

というのも、脳みそというのは二つに分かれていて、自分が意識できる領域と無意識の領域があるそうです。手を動かしたり足を動かしたりすることは意識してできますが、心臓を動かしたり汗をかいたりするのが意識できないのと同様に、動物としての本能に近い脳があるそうです。専門知識がないので詳しいところまでは分かりませんが、その「先祖脳」と言われる領域から出てくるという「直感」というものを私は信用しています。

なんでも脳みそというものは凄まじい記憶容量を誇るそうで、一説によれば生命誕生からの記憶を全て持っているそうじゃないですか。そうでなくても、自分の親や祖父母たち、ご先祖様の記憶を持っているそうです。

話は若干逸れますが、私の祖父が生前笑った時に、舌を「んべっ」と出す癖があったのですが、その祖父に会ったことがない姪っ子が同じように舌を「んべっ」と出して笑ったのです。

これは偶然でしょうか？　もちろん偶然というとり方もできますが、ここは祖父の遺伝子（記憶）が姪っ子に息づいてる証と考えたほうがなんかロマンティックですよね。人はいつかは死にますが、その記憶は遺伝子となって代々受け継がれていく……。そう考えるとワクワクします。

そんなこともあって、私は自分の直感を「ご先祖様からのアドバイス」と捉えています。

無意味上等！　失敗上等！

ご先祖様が言うんだから間違いがあるわけがない。どのご先祖様かまでは分かりませんが、もしこれがご先祖様の総意だとしたら、直感を否定することこれすなわち自分の一族を否定することになってしまいます。私はご先祖様の判断を最優先にしたいですね。

というわけで、直感的に「これ、やりたい！」と思ったことは挑戦してみることにしているのです。

「そんなことやっても無意味じゃない？」と言われることもありますが、無意味上等！

そもそも人生一度きりなので、やらないで後悔するぐらいだったらやってから後悔したいですね。

「失敗するかも？」と、思われるかもしれません。失敗上等！　それもまた思い出。これまで何度も経験してきましたが、トラブルは解決方法を懐に隠してやってきます。どうせだったらトラブルを楽しんじゃえば、経験値と一緒に問題も解決するもんです。

「そんなこと不可能じゃない？」と言われることもありました。不可能かどうかなんて、そもそもやったことがないのだから、分かるわけがない。何事もやってみなきゃ分からないのです。これまでの経験上、実際にやってみる前に考えた予想の大半は無意味でした。やってみたら想像とは全くの別物だったのがほとんどです。やってみなきゃ分からないことだらけなのですよ。

「恥ずかしくない？」と言われたこともありました。恥ずかしい……確かに、一般的にはやらないようなことをしたら目立っちゃって、それはちょっと恥ずかしいかもしれません。ワタシにだって羞恥心はあります（一応は）。

「恥ずかしい」のが怖いと思ってしまうのは、恥ずかしいこと自体が怖いのではなくて、人から「恥ずかしい」と思われると考えてしまう「自分自身から滲み出てきた恐怖心」だと、ワタシは考えました。

だけど大丈夫。一〇〇年もしたら、どんな恥ずかしいことだって覚えてる人なんていやしませんて。そもそも、人間なんて自分以外のことにそこまで関心ないと思うんですよね。むしろ、いろんなことにチャレンジしていると、やりたくてもやることができなかった方々が面白がって応援してくれるようになりました。

そんな失敗や、トラブルや、イベントも全て楽しみになっていく

つまり、実際にやってみる前の不安なんて、九九パーセント無意味です。実際にはそんなこと起きません。

逆に、実際に始めてみたら予想外の出来事が立て続けに起きます。始める前までは予想もつかなかったようなことだらけです。とてもドラマチックなのです。

なんたって実際に動き始めちゃっているので止めるわけにもいかず、次から次へとイベントがやってくるのです。

ここまで読んでくださった方なら、どんな失敗や、トラブルや、イベントも、それらは全て「楽しみ」になっていくのを理解してもらえるハズ。

そんなわけで、やっぱり「とりあえずやってみる」は楽しいのです！挑戦は楽しいのです！

こればっかりはやってみた本人にしか分からない楽しさですね～。

二〇歳の頃の日本一周もそんな「とりあえずやってみる」シリーズだったのですが、ホームページやYouTubeをやるようになってからは「とりあえずやってみる」シリーズは映像や文章となって記録に残っています。

そんなわけで、その中からいくつかを皆さまにご紹介したいと思います～！

楽しいことその①
とりあえずやってみる

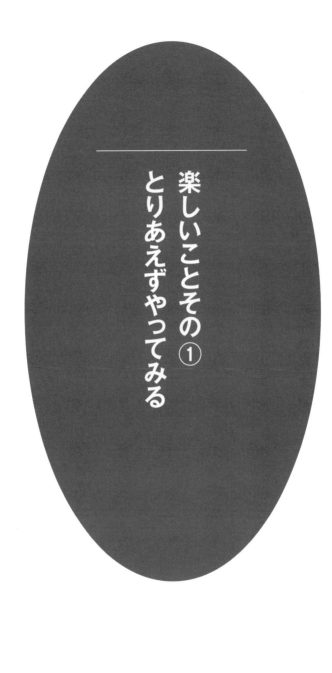

部品を金ぴかにしたかった。それだけ！

「とりあえずやってみた」動画を選ぶときに、真っ先に浮かんだのがコレです。金メッキ風塗料の缶スプレー「メッキ感覚ゴールド」で片っ端から塗ってみた、というもの。

①【メッキ風缶スプレー】なんでも金ピカに！メッキ感覚ゴールドで色々塗ってみました
https://youtu.be/fm0LUTIpXkU

色々なものに塗ってみたかった、試してみたかったというのがありますが、それ以前に「金ぴかになったら面白そう！」ってのが本音です（笑）。

①

塗料としての耐久性はそれほど高くありませんが、だけどプライマーの下塗りをすることで、ペットボトルやプラスチックのおもちゃにも金ピカの塗装ができました。実用性は皆無なのですが……だけどやっぱり出来上がったものを並べたら面白かったですね～。

ぶっちゃけ、この塗装自体はすぐ剥げてしまうのですが、その弱さも実際塗ってみないと分からないことでした。でも上塗りをうまくやればかなり強い塗膜にできそうです。これまた、試行錯誤が楽しみですね。なんたって上手く塗ればなんでも金ぴかになるんですから！

こういう遊びも、実際にやってみないとその楽しさはわかりません（笑）。

ガソリン満タンでどこまで走れるか試したかった

燃費がいいバイクの代表格「ホンダスーパーカブ」の最新型に乗れるチャンスがあったのですが、ただ街中を走っても面白くないので何かツーリングはできないかなと考えていたところ、ちょうどひらめいたのがこの企画でした。

ガソリン満タンでどこまで走れるかという航続距離テストなのですが、メーカー公表値で考えると概ね浜松くらいまでは走れそうだったのです。浜松といえばウナギ、そして近くの天竜にはホンダ創業者、本田宗一郎氏ゆかりの地があるではないか！　そんなわけで、ホンダの本社がある東京青山一丁目を出発して、難所箱根峠を超えて「本田宗一郎ものづくり伝承館」がある天竜まで走って、浜名湖のウナギを食べに行きたい！……

このツーリングがまた面白い結果になりました。私の当初の予想としては「本田宗一郎ものづくり伝承館」あたりでガス欠になるのでは？　と考えていたのですが、そんな予想を超えて、ついでにメーカー公表値の航続距離も越えて、まさかまさか浜名湖の湖畔の先まで走ってくれました。

単純に航続距離だけをカタログで見ても、燃費がいいな～と思うくらいで特に感激することもないのですが、自分で実際にスーパーカブに跨って、渋滞路を越え、箱根峠を越えて、そんでもって記録的な土砂降りも超えてたどり着いた浜名湖は輝いて見えましたね〜。

単なる航続距離テストから始まった企画だったのですが、直感を信じたご褒美なのか、とても楽しい旅路になりました。

最後のガス欠のシーンはちょっと感動的ですらありますので、よかったら是非次ページのＱＲコードを読み込んで動画を見てみてください〜！

②夏の土用だから！
新型のスーパーカブ１１０で浜名湖のウナギを食べに行く
https://youtu.be/PMHsIUD3zyY

②

燃費が良い「スーパーカブ」の限界にアタックしてみた

先ほどのはスーパーカブの航続距離テストでしたが、コチラはガチもんの燃費アタック。一リットルのガソリンで何キロ走ることができるか？　のテストです。

都市部や山道を走ったら燃費が落ちてしまいますが、できるだけ平坦で、できるだけ信号がなくて、できるだけ一定ペースで走れるところはないかと調べていたところ、霞ヶ浦一周が最適である！　という結論に至りました。

霞ヶ浦で燃費はアタックしたらどこまで伸ばすことができるだろうか？

思い立ったが吉日。実際にトライしてみました。

実際走ってみたら霞ヶ浦のサイクリングロードは最高でしたね〜。信号もないし一時停止もほとんどない。たまに川の河口で曲がるくらいで、全体の六分の五くらいは湖畔をのんびりマイペースで走ることができました。

こりゃあ、燃費八〇km／ℓも夢じゃないぞ？　とか思っていたら結果はまさかの九〇キロ超え。メーカー公表値　六七・九㎞／ℓに対して、霞ヶ浦一周の結果は、九六・五㎞を達成！

こればっかりはさすがにホンダのメーカーの方も驚かせる結果となりました（心の中でガッツポーズ）。

ちょっと特殊なコースなので、実際のツーリング燃費の参考にはなりにくいですが、これも一つの結果として非常に興味深いものとなりましたね～。いや～、楽しかった！

③燃費九六・五三キロ達成！
スーパーカブ110霞ヶ浦一周
燃費アタックツーリング
https://youtu.be/_T1FgwyAZNs

燃費96.5km達成しました！
霞ケ浦
かすみがうら
KASUMIGAURA
やったぜ！スーパーカブ110！

eco, No1!
96.5km/ℓ
すっげェ!!

③

グーグルマップ上に「実物大チーバくん」を描いてみたかった

思いつきでやってみたツーリング企画の中でぶっちぎりでお気に入りなのがコチラです。千葉県ＰＲマスコットキャラクター「チーバくん」を、ＧＰＳデータでグーグルマップ上の線を繋いで、実物大のチーバくんを描く！　というなんともバカっぽい企画です！千葉県は、「他県と陸で繋がっていない島である」と言われるそうですが、確かにそのほとんどが川と海で囲まれているので、乗り物でぐるっと一周が可能なのです。つまり、グーグルマップの履歴モードをオンにした状態で一周すれば、グーグルマップ状に履歴の線が実物大チーバ君を描き出すというスンポーなのです。

実はこの「実物大チーバくん」企画は、すでに達成されてる先人が何人かいらっしゃったのですが、ホンダのバイクＤＡＸ125でトライした方はまだ見受けられませんでした。やっぱりダックスで実物大チーバを描いてこそ漢（おとこ）でしょう！　ってことで挑んだのですが……実は、チーバ君は犬じゃないそうです。ここらへんの話は、千葉県のホームページをご覧になるか、動画を観てみてください（笑）。

④新型ダックス125で「実物大チーバくん」を描く旅！
1日目 https://youtu.be/dkrnlH6wL9o
⑤2日目 https://youtu.be/Gs12bcrJlr0
⑥3日目 https://youtu.be/Ouw5CjIu8iU

このツーリングを実際にやってみた感想としては、一言に尽きますね。

「千葉県は、デカかった」です。とても大きかったです。イメージしていた大きさの二倍、いや三倍くらい。原付バイクだったので高速道路を使えなかったってのもあるのですが、ただひたすら一般道を無心になって走っていると、チーバくんのスケールのでかさを全身で感じることができました。

これまで色々なツーリングに行ったことがありますが、ただひたすら絵を描くツーリングというのは全くの未体験で、辛くもありまた刺激的な経験にもなりました。

それにしても……チーバくんって、どう見ても「犬」ですよね……？（↑まだ言ってる）

千葉県一周695kmロングツーリング
新型ダックス125
千葉県PRキャラクター
実物大チーバくんを描いてみたい

実物大

⑥　⑤　④

江戸時代の石畳を歩いて旧東海道箱根越えウォーキングやってみた

これは箱根にドライブに行った際に旧東海道があったので覗いてみたら、石畳の道があるのを見つけたのがきっかけでした。その石畳の道を後からインターネットで調べてみたら、なんと江戸時代からそのままの形で残っているんだそうです。

江戸時代からの石畳がまだ残っている……！
それを知った瞬間から「歩いて箱根峠を越えてみたい」と思い始めました。
しかも、坂を登った先にある「甘酒茶屋」はその江戸時代からずっと続く由緒正しい茶屋だそうで、合掌造りの建物の中で、囲炉裏にあたりながら江戸時代と変わらぬ製法の甘酒をいただくことができる。

もうそれだけで、行かない理由はなくなりましたね。

息子達も連れて家族四人で旧東海道を歩いて箱根越えをした記録がこちらです！

⑦【江戸時代の石畳を歩く】旧東海道箱根越えウォーキング（東海道五十三次）

https://youtu.be/BwUwqU9v4sA

「箱根の山は天下の険」と申しますが、意外となんとかなるもんです。そんなに辛くはない。車で走るとあっという間ですが、歩いて箱根を登ると、石畳に染み込んだかつての旅人たちの賑わいが聞こえてくるようでした。ロマンチックな気分でタイムトリップできる、そんな徒歩の旅になりました〜！

⑦

日帰りで海外旅行？ 次男と韓国へ行ってみた

「海外旅行」と聞くと、限られたお金持ちだけが行くことができる特別な旅行だと思っていました。それは私自身が強く思っていたことです。

だけど本当に、滅多に行くことできないものでしょうか？

航空チケットの値段を調べてみたら、国内旅行と大差ないどころか、むしろ安いチケットもあるんですよね。

近くのアジアだったら連休を取らなくても、普通の週末に行って帰ってくることも可能ではあるまいか？

一度そう考え始めたら居ても立ってもいられず、次男と一緒に行ったのがこちらの旅です↓

⑧日曜日だけで行く韓国ソウル日帰りの旅（週末弾丸旅行）

前編　https://youtu.be/FGlK3VwJsNI
⑨後編　https://youtu.be/0eVKlVb3u5Y

土曜日なんかいらない、日曜日だけでいい。たった一日、二四時間で行って帰ってくる弾丸海外旅行。

土曜日は仕事して、そのまま羽田空港へ行って、午前〇時にチェックして深夜便で韓国へ出発。夜明け前の韓国に着くので、二四時間営業のお店で朝ごはんを食べて、早い時間から開いている観光地を巡ります。

たった一日ではあるのですが、早朝から夜までフルに使えるので予想外に回れるものでした。

また、日帰りでホテルに宿泊をしないので、本当にびっくりするほど荷物が少ないのです。事実、息子のバッグはカタチばかりで、中身は何も入ってなかった（！）です。

飛行機手荷物も預けないから、空港から出てくるのもスムーズだし、荷物は軽いし、当然フットワークも軽くなるワケで。

⑨

⑧

日帰りで海外旅行！ 長男と台湾へ行ってみた

次男と韓国へ行ったので、今度は長男と台湾に行ってきました。

韓国に比べて台湾の方がもうちょっと遠いのですが、でもやっぱり二四時間で往復可能で、眠たいことを除けば、かなり濃密なスケジュールになりました。

台湾といえばやっぱり食べ物です。一品一品が大きくなくて、サッと立ち寄って食べられるものばかりなので、一日何食食べたか覚えられません（笑）。

朝は豆乳飲んで小籠包を食べて、そのあと水餃子食べて、コンビニのホットドッグ食べて、屋台のニラ餅を食べて……食べたいものを片っ端から食べました。

日本国内の旅行も大好きなのですが、これが海外旅行の場合は観光地に限らず街の中の風景からもう刺激的で、食べ物から売ってるものから知らないものだらけで最高に濃密な時間を過ごすことができましたね。

⑩日帰りで台湾（台北）へ！
弾丸旅行やってみたらすっごい食べた&楽しめた～！
前編　https://youtu.be/R_8r0Xr3cjE
⑪後編　https://youtu.be/8GZS4t5iJb4

海外旅行ってお金を貯めて長い休みを取っていくというイメージでしたが、この日帰り弾丸旅でこれまでの概念がガラガラと崩れました。週末だけで十分楽しめる。弾丸旅なので予想以上に疲れますが、そのぶん超濃密な時間を体験することができました。「日帰りなんてもったいない」と思われるかもしれませんが、私にとっても、息子達にとっても、強行スケジュールの弾丸旅だったからこそのインパクトがあって、忘れることのできない思い出になっています。

そして何より、海外旅行は特別なことじゃない。週末だけでも十分楽しむことができる、ということを、身を持って子供たちに教えることができたのが何より愉快な思い出でしたね～。

⑪ ⑩

折り畳み自転車で韓国を走ってみたい！

最後にもう一つ変わり種の海外旅行はいかがでしょうか？

一人で韓国に行ったのですが、普通の観光ではありません。買い物でもなければ食べ歩きでもありません。

サイクリングです。

日本から小さな折りたたみ自転車を持って行って、現地でそれを組み立てて、仁川空港から明洞まで、ひたすら走る、というものでした。

あれは強烈でした。本当に強烈としか言いようがない旅になりました。

これを読んでいる皆さんも、韓国という国についての情報はたくさん持っていると思います。ファッションやカルチャーや、Ｋポップや韓流ドラマ。政治経済もそうですが、韓国のかなりの部分を皆さんはご存知だと思います。

ですが……空港から都市部へ向かう道がどうなってるかご存知でしょうか？

途中どんな町があるかご存知でしょうか？

空港もとても綺麗ですし、ソウルの街も近代的でとても発展しています。それから考えると、空港周辺の道路や、ソウルに繋がる道とその周辺も、それなりにきちんと整備されている、と、お　も　っ　て　い　た　の　で　す　が……！

なんということでしょうか。
私の予想と全く違っていたのです。
馬鹿でかい道路のアスファルトがバリバリに割れていたり、
歩道が恐ろしく走りづらかったり、
お店はおろか自動販売機すら全くなかったり、
人っ子一人いない、巨大ゴーストタウンマンション群があったり、
最新鋭の住宅街になるはずだった区画が草に埋もれようとしていたり、
巨大なビル群の横に、驚くほど牧歌的な畑が広がっていたり……

ここでは書ききれません。

普通は電車で過ぎてしまうところを、ひとりでキコキコと自転車を漕いだだけで、予想だにしない超濃密な体験をすることになってしまうとは。

ただ単に「自転車で走ってみたい」と思っただけだったのですが、あまりに強烈で、あまりに愉快で、あまりにも楽しい体験をすることになりました。

⑫インチョン空港～謎のゴーストタウン～フェリー乗るまで
https://youtu.be/B-mA3Q9kkO0

⑬フェリー～月尾島～中華街～韓国の住宅街めぐり
https://youtu.be/4o_KtV2U48U

⑭南漢江自転車道～ソウル市内へ
https://youtu.be/vMFjFODA3YM

以前、中国の北京にも行ったことがあるのですが、あの時もイメージしていた中国人と正反対の皆様にお会いすることができて、逆の意味で強烈な体験になりました。だって、めちゃくちゃいい人たちなんですもの。すごい丁寧に案内してくれるし、めちゃくちゃいい笑顔だったんです。

この自転車で韓国に行った時も、テレビで見るイメージと正反対の景色を見せつけられました。絶対テレビに出てこない光景でしょうね～。そして、それとは逆に、日本の原風景のようなのどかでノンビリとした光景にも出会うことができて、刺激的でめちゃくちゃ楽しい旅になりました。

空港からソウルまで！
韓国
チャリ走
フルバージョン
73km走れるのか？
Goyang
고양시
서울특별시
Incheon
인천광역시
Incheon International Airport
인천국제공항
Anyang
안양시

아무도 없다…
?

⑫

⑬

⑭

楽しいことその②
作る楽しさ（改造・工作・溶接）

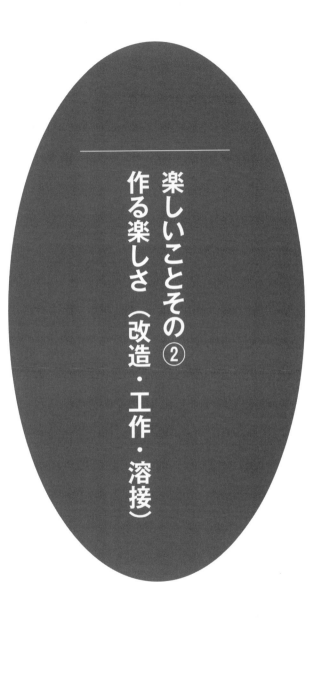

欲しいものはまず自分で作る

第二弾はこれですね、ワタシ自身の核でもあり原点でもある「作る楽しさ」です。

この原点は、間違いなく父親の教えです。

父親に「○○が欲しい」と言ったところで、すんなり買ってくれることなんて全くの皆無でした。買ってくれません。いくらおねだりしても、買ってくれないのです。思い返してみたら一度もありませんでしたね（笑）。

その代わり、その欲しいものを「作るための道具」を買ってくれるのです。一番古い記憶としては、確か私が「剣が欲しい」とか言ったのですよ。なんかアニメを見て影響されたんでしょうね、そこらへんはやっぱり男の子。自分が強くなる気がして、剣を欲しいと言った覚えがあるのです。

それを聞いた父親は、角材と小刀（切り出し刃）を買ってきてプレゼントしてくれたのです。

……切り出し刃ですよ？

フツー、小学校一年生やそこいらの子供に与えるものでしょうか（汗）。

与えられた私は、角材を削りましたよ。剣を作るために、ひたすら削りましたよ。速攻で血豆ができて、指を切って、血まみれにもなりましたが、苦心の末に木刀を作りました。あまりにも不恰好で、苦労した割には「コレジャナイ」と涙目になったものですが、自分の血がついて染みになっているその木刀は……なんかもう、えも言えぬ愛着があったのを覚えています。

そんな父親の教えがあってか、ワタシは「欲しいものはまずは自分で作ると」いう考え方がすっかり定着してしまいました。

色々考えて、材料を集めて、作ったものを父親に見せると、とても喜んでくれたものです。

「よし、よくやった！　これは世界にたったひとつしかないものだ。それはお前が作ったから。オリジナルの一品モノだ‼」……と。

母が教えてくれた道具の作り方

……そんな私に、母の教えが加わります。

当時住んでいた家のリビングに、両開き扉の押入れがあったのですが、そこにはいつも空箱がたくさん詰まっていました。

マーガリンの箱、お菓子の箱、ティッシュの空箱、ダンボール……。

それらは全て畳まれることはなくて箱の形状のまま、山積みになっていたのです。

なんとそれは全て、息子であるワタシ専用の「工作の材料」だったのですよ。

母は私に教えてくれました。ハサミの使い方、カッターの使い方、糊の塗り方、セロハンテープという道具もあるよ、ということ。ホチキスの使い方も習いましたね。こちらも小学校一年生ぐらいの時点で、道具の一通りの使い方や、得手不得手を全て教わった気がします。

道具の使い方は全て母親が教えてくれたので、その押入れから空箱を取り出しては、頭に浮かんだロボットや飛行機や人形をひたすら、その空箱で作り続けました。

毎日毎日リビングは、わけの分からない立体物が転がっていたのです（笑）。飛行機が出てくるアニメを見ては戦闘機を作ったり、ロボットが出てくるアニメを見たらロボットを作ってましたね。両親が共働きだったので家に一人でいることが多かったのですが、テレビを見ている時間より圧倒的に手を動かしている時間が長かったです。

そんな両親に育てられたので「必要な物や欲しい物は、当たり前のようにまず作ってみる」という考え方が「遺伝子レベル」で刻み込まれました。それは四六歳になった今でも全く変わっていませんよ。お父さん、お母さん！

また、たまに上手くできることもありましたが、そのほとんどが失敗作。それこそ浴びるように駄作を作り続けてきたので、正直ワタシは失敗が怖くありません。星の数ほど失敗してますからね（笑）。

そんなわけで、ワタシのYouTubeチャンネルの中にも、その「ものづくり」の動画が多数存在します。その中からいくつかピックアップして皆様にシェアしたいと思います！

「世界一役に立たないサイクルトレーラー」

やっぱり最初はこれから行ってみましょう。「世界一役に立たないサイクルトレーラー」です！

タイトルにも書かれていますが、一応最初にお断りしておくと〝全く役に立たないサイクルトレーラー〟です。ちなみにサイクルトレーラーとは自転車に取り付けるトレーラーで、自転車と連結することで多くの荷物を運ぶことができる便利な道具です。ですが……このサイクルトレーラーは全く役に立ちません（笑）。

サイクルトレーラーを自分で作ってみたくて、情報を調べた上であれこれ頭の中で考えていたのですが、なかなか難しい構造をしているのがサイクルトレーラーという代物なのです。

トレーラー自体が単独で独立することができるのであれば、極端な話、ヒモで引っ張りばいいのですが、牽引する自転車と同じようにバンク（傾いて）して曲がっていく構造のものとなると、ただ引っ張るだけではなくて上下左右自由に動きつつも、バンク角を共有できるような強度と柔軟に動ける構造が必要となってきます。

これを自分で作るとなると、ピロボールを組んだりベアリングを組んだりと複雑な構造になってしまうのですが、ある時ふと思いついた形状が自転車そのものを使ったサイクルトレーラーだったのです。

取付用に二台、二三㎜の丸パイプを溶接した他は、新規に作った部品はありません。加工といっても、自転車のステムを反対方向に取り付けた、ただそれだけです。

思い付きを形にしただけなのですが……これがまたビンゴでして、牽引する自転車の動きに合わせてスムーズに縦横無尽に走り回る姿は感動ものでした。

自分の頭で考えた仮説が、リアルに証明される瞬間は本当に愉快ですよね。めちゃくちゃ楽しいです。

この後、この構造を踏まえていくつかサイクルトレーラーを作って行くのですが、最終形態は息子達家族全員で三日間かけて琵琶湖を一周するサイクリングで使いました。あの旅は本当に楽しかったな〜……。
一七八、一七九ページのＱＲコードをスマートフォンで読み込んでぜひ動画をチェックしてみてください〜！

⑮世界一役に立たないサイクルトレーラー
https://youtu.be/nu1LZCGgMZA

⑯【自作サイクルトレーラー】第三号！　一輪車タイヤ仕様完成
https://youtu.be/FZN7T6Bzx34

※作ってみただけ。

⑮

⑯

ワンオフでレンジ台を作りたい→ポータブル電源≪BLUETTIEB 200P≫だけで切断から溶接・塗装までできるか挑戦してみた

リサイクル工作から一転して、今度はガチの溶接です。

狭いワンルームマンションで使うためのレンジ棚を、ぴったり合う寸法、そして希望のサイズに合わせて一品物のワンオフで作ってみました。

溶接工時代はこれの何倍もの大きさのものをバリバリ作っていたので、作ること自体は全然難しくはないのですが、これを家庭用溶接機でしかも限られた環境で作るのでなかなか難易度は高かったですね～（汗）。

この「一品物」というのは、一度作ると本当にクセになります。中毒性があります。

ここに、こういう形の、こんなのが欲しいな～というモノを、一㎜単位で計測して、使いたい材料で、ご希望の色で仕上げられるんだから、気に入らないわけがない、便利じゃないわけがないのです！

親しい人物からのオーダーで作ったのですが、現在も毎日便利に使ってくれているとのことです。

溶接というのは、それができたら食っていけるほどの技術なので、正直最初は難しいことは多いと思います。事実難しいんですけれども（笑）。だけど一度覚えてしまえばこれまた便利な技術で、なんたって鉄をくっつけることができるので、それこそを作りたいものだったら何だって作れるようになります。

基本的に溶接というものは、学校で習うよりも実際に溶接しているのを目で見て耳で聴くことによって学ぶモノなので、溶接の動画を一〇〇回ぐらい見たらなんとなくできるようになるかもしれませんよ～！

この動画も是非ＱＲコードでスキャンしてスマートフォンで観てください♪

・ワンオフでレンジ台を作りたい

⑰ポータブル電源だけで切断から溶接・塗装まで挑戦

https://youtu.be/BjnkiWd6qnk

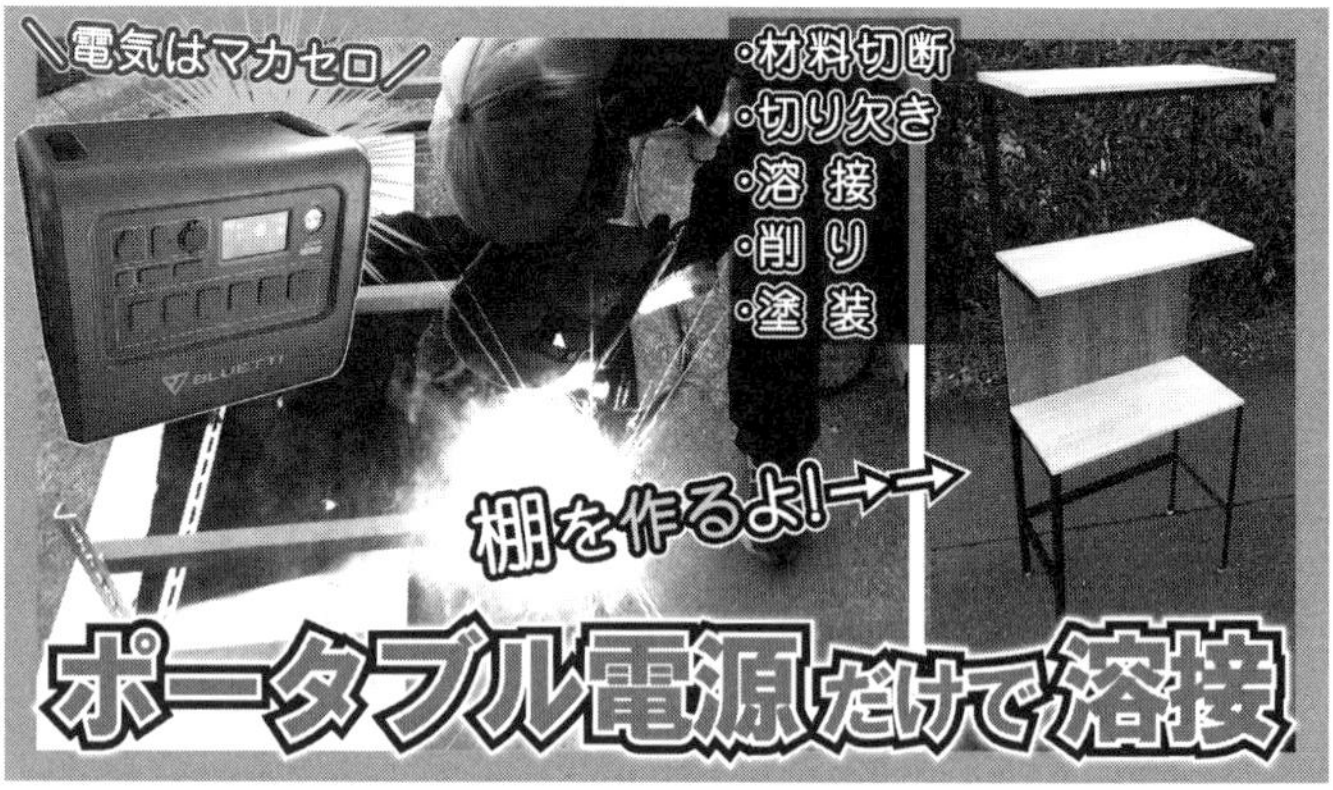

⑰

ペール缶焚き火台

今度は廃材を使ったリサイクル工作。

たった五分で作れる最強クラスのウッドストーブです！

元々はキャンプ場のゴミ置き場に捨てられているペール缶からインスピレーションを得て、自分なりのアレンジを加えて作ってみた「ペール缶ウッドストーブ」です。

これはかなり強力です。火力がとにかくハンパなく強いです！

アルミ缶が溶けるほどの温度を出すので、むしろ注意が必要です。

作り方は本当に簡単です。動画ではディスクグラインダーを使っていますが、釘を使って穴を開けまくってペンチでグリグリやれば、多少形はイビツになりますが作ることはできます。金切鋏でできます。作り方は工夫のしようはいくらでもあるのですが、とにかく似たような形状で作ることで完成することができますし、穴の開け方や角度を変えることで自分なりにアレンジすることもできます。

YouTubeに公開してかれこれ一年以上経ちますが、いくつもの「実際に作ってみた」レポートもいただきましたし、色々なアレンジも教えていただきました。

自分が作ってみたものが世の中に広がっていくことも楽しいですし、同時に皆様から実際に作ってみたり改良してみたフィードバックをいただけるのは本当に楽しいです。

自分一人がこっそり作っていたならば、それはそこでお仕舞いになってしまいますが、YouTubeを使ってシェアすることで世界中の方と共有できるのは本当に本当に楽しいですね〜。

キャンプ好きのアナタ！　もしよかったら作り方をパクってトライしてみてください。そしてワタシに「つくレポ」送ってくださいね♪

⑱【冬キャンプに絶対オススメ】スゲー暖かい！

材料代ゼロ円五分で作れるウッドストーブが最強すぎる

https://youtu.be/xuGqHd7EH84

⑱

溶接できればバイクのエンジンを載せ替えなんて朝飯前？

バイクのエンジンを違うものに載せ換える……なんて、途方もないことに聞こえるでしょうか？　だけど溶接ができればそんなことも可能なのです！

バイクメーカーのスズキが作った、「チョイノリ」というバイクがありましてね。これは本当にその名の通り、本当に近所を走るぐらいしかできないような弱いエンジンが搭載されたバイクだったのです。

それはそれで可愛かったのですが、もうちょっとパワーのあるエンジンを搭載してみたいな～と思いまして、いわゆる「魔改造」に手を出したのがこの企画です。

ちょっと長いシリーズになるのですが、ノーマンのフレームを切るところからスタートして、エンジンをスワップ搭載。最終的には電装系や保安部品もきっちり移植して、正式にナンバーを取得することができました。

バイクという乗り物はエンジンが変わると全くの別物に化けます。見た目は同じでも本当の別物になります。

自分が思いついたアイデアを、実際に手を動かすことによって実現して、そしてそれがバイクとなって、実際に公道を走る。これホント、一度体験したらやみつきになりますよ～！

ちょっと話がずれるのですが、溶接工という仕事は私は魔術師だと思っています。なんたってあんなに硬い金属が溶けてくっつくんですから。ドロドロになった鉄って見たことありますか？

硬い鉄をドロドロに溶かして、しかもそれをくっつけていく。それが「溶接工」という仕事です。とても楽しいです。いつかチャンスがあったら、そんな話も本にして皆様にお伝えしたいですね～。

話を戻しますが、近所までしか走ることができなかったチョイノリというバイクに、一二五ccの汎用エンジンを搭載して、公道を走るどころかサーキットを全開走行してしまう！……という、めっちゃくちゃ楽しいバイク改造の記録です～！

⑲チョイノリ魔改造②フレーム真っ二つ！　そして一〇㎝延長～
https://youtu.be/sxEXkwrYgkQ

⑳チョイノリ魔改造③エンジン載った？　だけど問題も発生!!
https://youtu.be/tPTgCDi0Fn0

㉑ついに（やっと？）エンジン始動!!
https://youtu.be/eVQSBHAzWvI

㉒チョイノリでサーキットを走った結果！
https://youtu.be/SHybAaWDJPU

⑲

⑳

㉑

㉒

【究極のDIY？】自分だけの原付バイクを作っちゃう！　という作戦

「自分の手でオートバイを作ることができたら？」なんて思ったことはありませんか？バイクはオートバイ屋さんで買うもの。それは至極一般的な常識なのですが、でも実は「自分の手で、自分だけのオートバイを作る」ことは可能なのです。

これぞ、まさにDIY究極の夢ではないでしょうか⁉

そんなことは違法になるのではとお思いになるかもしれませんが、歴史を紐解いてみると「原動機付自転車」つまり原付バイクの原点は、ホンダの「カブF号」に遡ります。

「カブF号」とは、正確には「自転車用補助エンジン」のことで、普段乗っている自転車に「カブF号（補助エンジン）」を搭載するというとてもシンプルな構造で、2ストロークエンジンならではのサウンドから、通称〝バタバタ〟とも呼ばれて庶民の間で親しまれたのだそうです。

つまり、「自分の手でオートバイを作る」というのは原点であり基本だったのですよ！　その「カブF号」からいわゆる「原動機付自転車」が始まり、そしてそれに沿うように法律が決まっていったのだから、自分でバイクを作るという行為は原点であり頂点だったのです！

でもそんなこと、今の令和の時代では不可能じゃないか？　と思われるかもしれませんが、今でも同じような自転車用エンジンキットなるものが手に入るのです。国内産ではありませんが、輸入エンジンで今でも自分でバイクを作るということは可能なのですよ。

そんな事実を知ったワタシが、我慢できるはずがない(笑)。早速飛びついて挑んでみた企画がコチラとなっております。

いつも乗っているママチャリを改造して、50ccのエンジンを搭載する計画！

さすがに簡単に作るわけにいかないのでかなりの長編シリーズとなっておりますが、そのいくつかの動画のＱＲコードを貼り付けておきます。

もしご興味のある方は、ワタシのYouTubeチャンネルのほうから全部チェックしていただけたら嬉しいです♪


今現在ではもっと環境に優しい４サイクルエンジンや、はたまた電動自転車にできるモーターのキットなども販売されているので、この究極のＤＩＹとも言える改造に挑戦する若い人が増えてることを祈っております（笑）。

言うまでもないですが、自分が作ったバイクで走るというのはこの上なく楽しいですよ～!!

㉓開封！　モペット用エンジン組立てキット
https://youtu.be/Nvl1kQ2YXvQ
㉔エンジン単体始動実験！「このエンジンは当たりだぜぇ～!!」
https://youtu.be/49WIBsigc7s

㉕ママチャリのフレームに50ccエンジンを搭載するための改造（前編）
https://youtu.be/ppBtDN7iSL8
㉖ママチャリのフレームに50ccエンジンを搭載するための改造（後編）
https://youtu.be/jve7Xtn3C8s
㉗【走ったど〜！】自作原付バイク実走テスト
https://youtu.be/cDYf96mLftA
㉘やった！　直流一二ボルト電源を確保したぞ！
保安部品用のバッテリー問題を解決？
https://youtu.be/wLSHR2yCU6k
㉙祝！　ナンバー（とりあえずの）公道仕様完成！
https://youtu.be/8qqtA-xMepl
【モペットで遊ぼう】
㉚和田峠ヒルクライム
https://youtu.be/MMumfezvI74

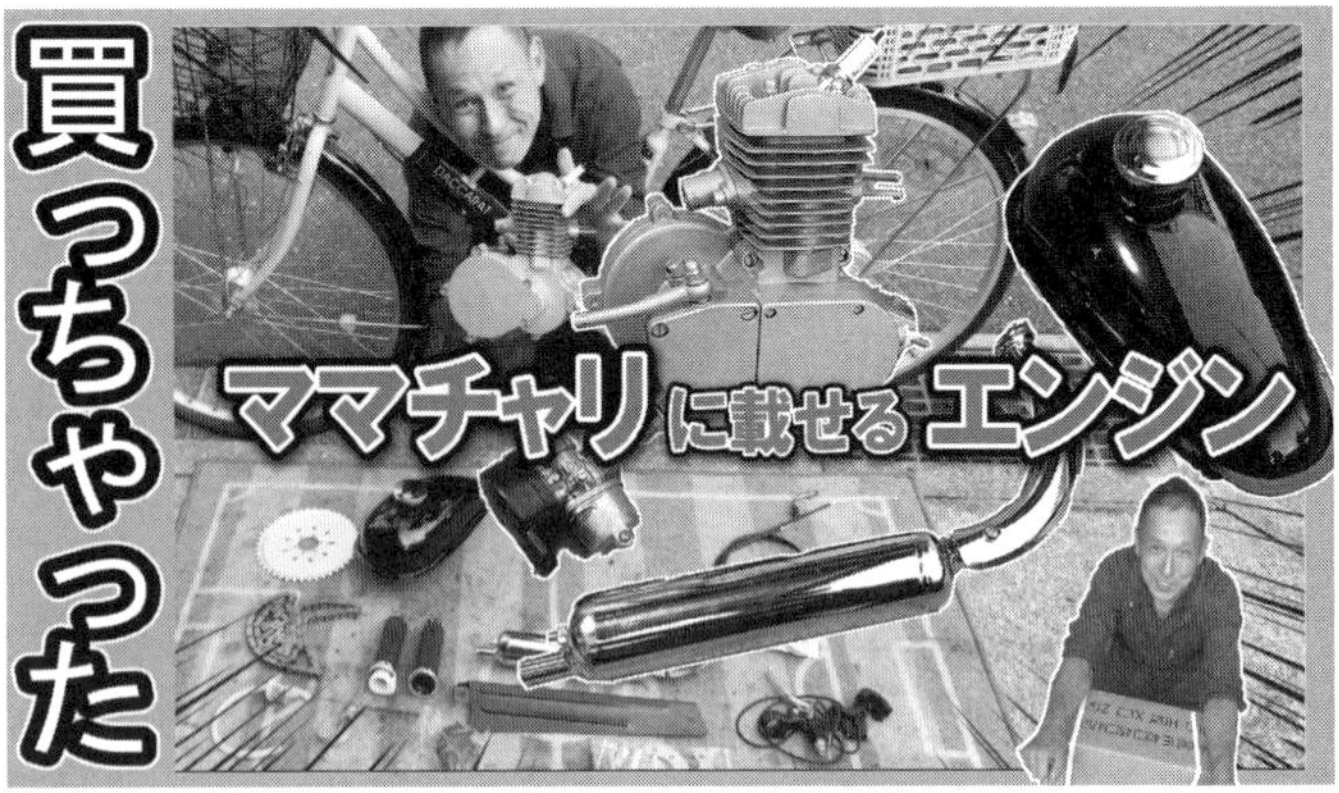
買っちゃった
ママチャリに載せるエンジン

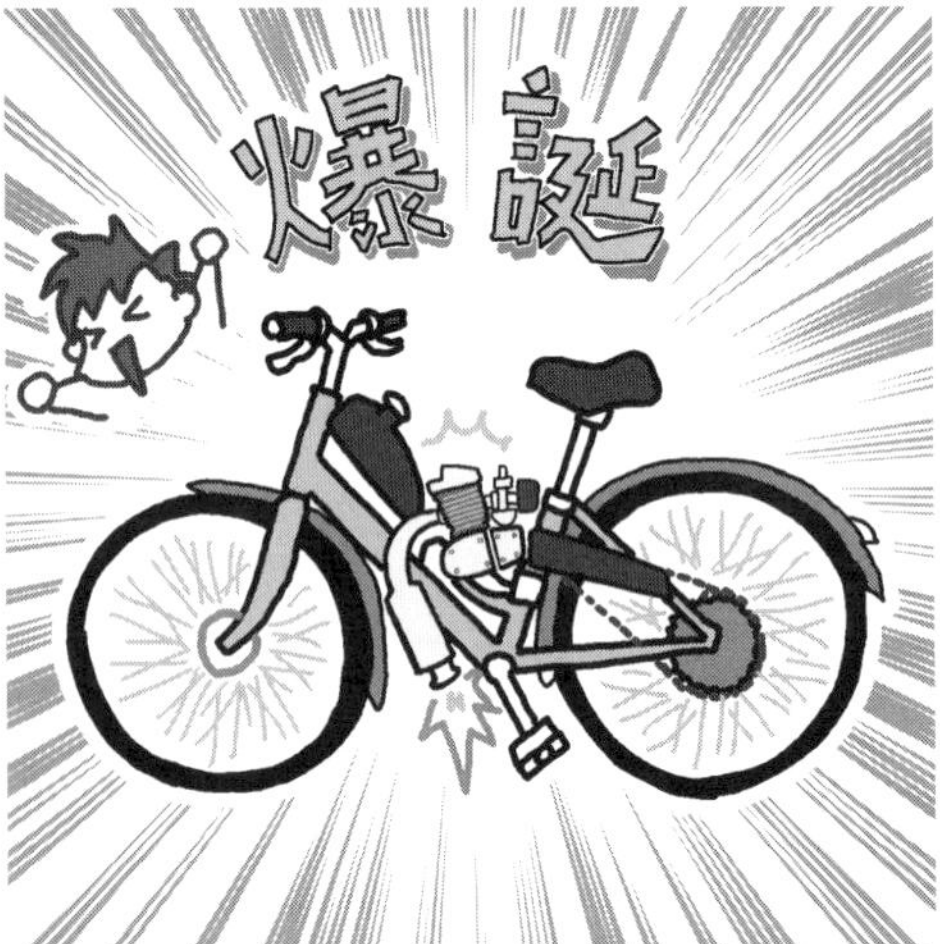
爆誕

㉓

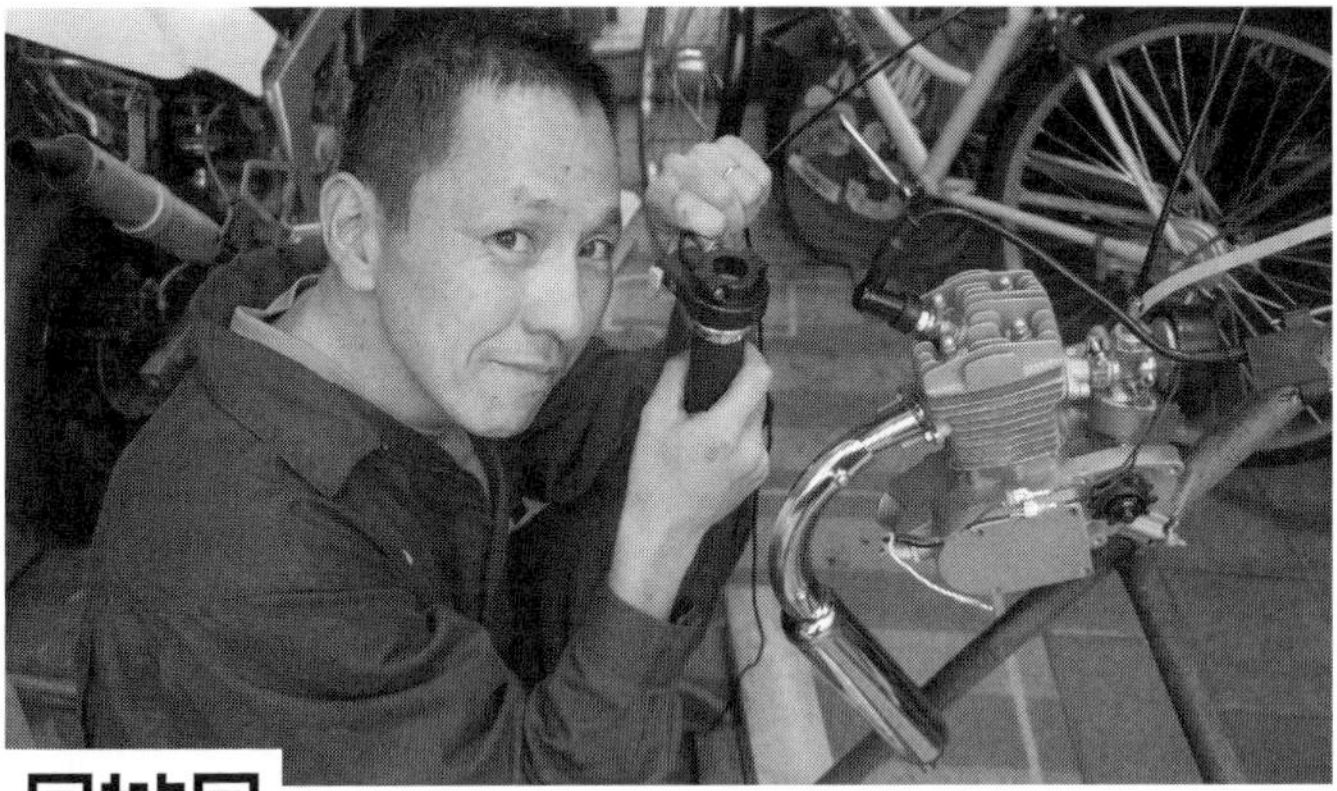

㉔

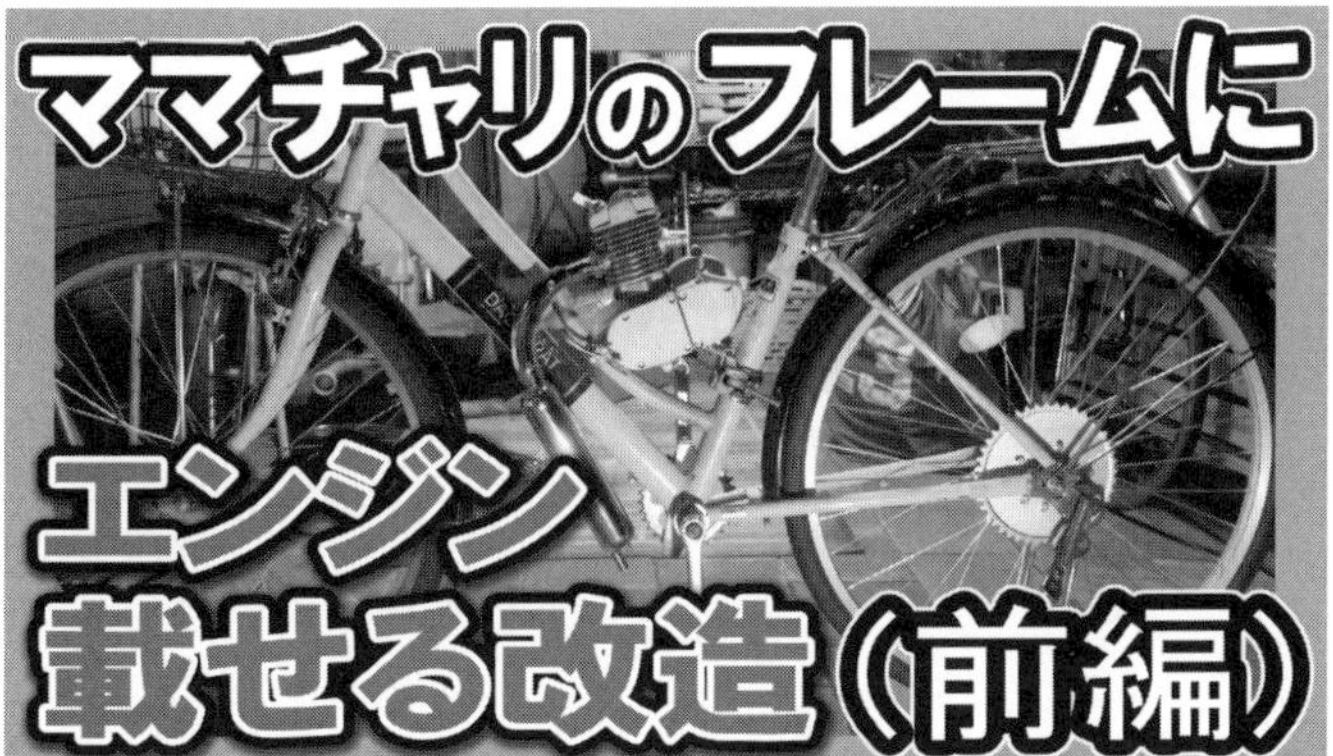
ママチャリのフレームに
エンジン
載せる改造（前編）

㉕

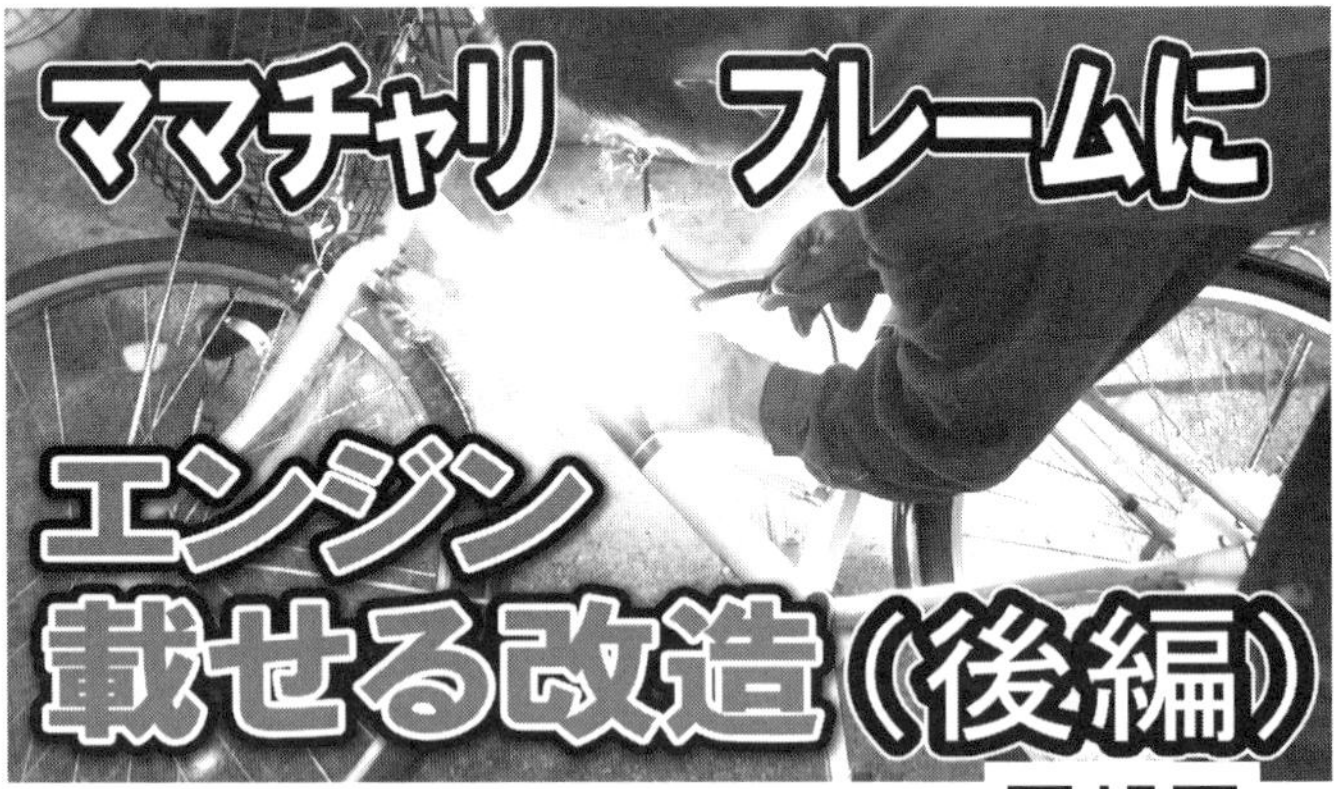
ママチャリ　フレームに
エンジン
載せる改造（後編）

㉖

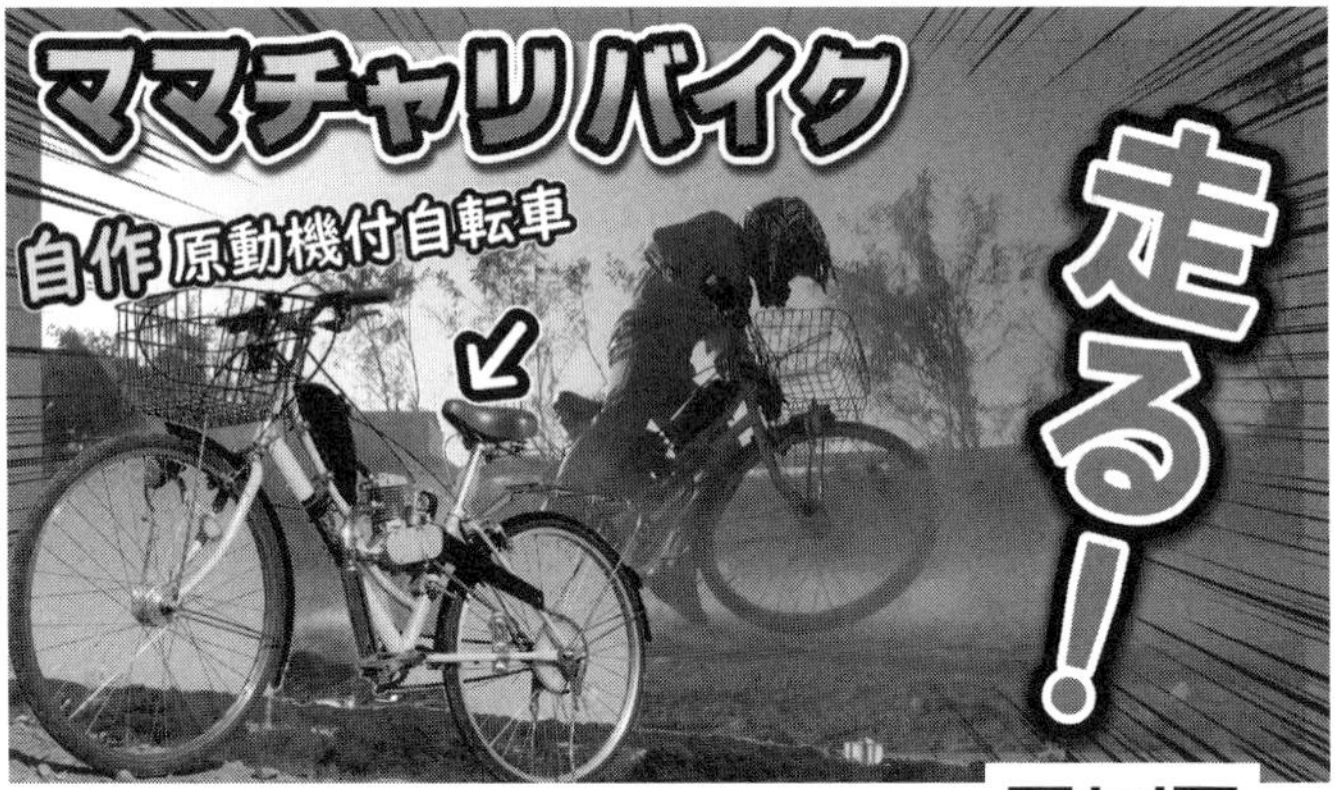
ママチャリバイク
自作 原動機付自転車
走る！

㉗

12V電源
充電なしで
走行できる？
キター!!
ホーンも鳴った！
ライトも点いた！！
自作モペットの保安部品

㉘

ちゃんと登録
ナンバー
取得
しました

㉙

㉚

楽しいことその③
直す楽しさ（修理・レストア）

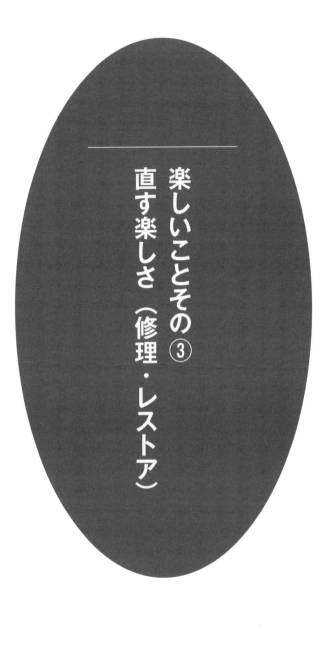

捨てられる物を見ると直してやりたくてたまらない

ワタシの楽しいこと第二弾はこれ、「直す楽しさ」です！

エコロジーという言葉が流行ってから何年も経ちますが、今では新品を買うのではなく、古いものを直して使うという考え方も定着しつつありますよね。ですが、ワタシ自身は物心ついた頃から地で行ってました。

前に挙げさせていただいた「時計を洗っちゃった事件」がそのひとつでもありますが、とにかく壊れて捨てられてるものを見ると直したくて仕方なくなるのです。

物を大切にする精神とも違うし、なんか貧乏性とも違うみたい。

とにかく我慢ならないんですよ。

壊れたものが捨て置かれているのが。

もちろん限度というものがあるので、明らかに寿命を迎えたものはあります。だけどそうは見えないものがほとんどなんですよね。

確かに壊れているかもしれないけれども、そいつだってまだ活躍したいだろうに。まだ使えるポテンシャルが残っているのに、一部が壊れただけや古いからという理由だけで捨てられてしまう物たち。それがもう「価値がない」と判断されていることが我慢ならないのです。

と言っても、それを直そうとした場合お金だけでなく時間もかなりかかるので、効率はハッキリ言って最悪ですよね(笑)。

だけど、そういう頭で考えるわけではなくて、もっと心と言うか、魂と言うか、腹の底から湧き上がる衝動として「直してやりたい」と、思っちゃうのがワタシＤＩＹ道楽テツなのです。

一度価値を失ったモノに、もう一度新しい命を吹き込んでやりたい……。

特に機械やバイクを直すのは最高ですね。エンジンが息を吹き返した瞬間なんか、もうたまりません。思わずガッツポーズしちゃいます。それはもう排気量関係ないし、古いバイクも新しいバイクもみんな一緒です。YouTubeの動画の中では皆さんと「エアーハイタッチ」なるものをして喜びを分かち合っています（笑）。

また、錆がひどくなってしまったものを磨いたり、ボロボロになってしまったものを直して塗装してあげるのも大好物ですね。本当は空き地や河川敷に捨てられているバイクも片っ端から直してあげたいのです。もっともそれをやったら犯罪になってしまいますが……。

ボロボロのバイク達が復活して、エンジンが動くようになる嬉しさ

そんなわけで、YouTubeで新しいネタとして新規にバイクのレストアを始める時などは、いつもワクワクします。

なんたって、エンジン掛からなかったりボロボロな姿になっているバイクが、これから皆様が見ている目の前でどんどん綺麗になって直っていくのですから。そして最終的には恒例の「火入れの儀式」でエンジンに火が入って、鼓動を打ち始めるのですよ。

そして直したバイクでツーリングに行く瞬間などは、走りながらガッツポーズしちゃいたいぐらいに嬉しくて楽しい気持ちです。

ワタシのYouTubeチャンネルには沢山のバイクレストアシリーズがありますが、全部紹介していたらきりがないので、その中からいくつかを皆様にご紹介

したいと思います。

一番見て欲しいのは、第一回目の「やってきた編」「マシンチェック」から、「火入れの儀式」および「初走行！」の動画です。

ボロボロのバイク達が復活して、エンジンが動くようになって、そして走り出します。そしてそのほとんどが、時間が経った後でもずっと走っているというのは何とも愉快で楽しいですよね〜！

そんなわけでどれから紹介しようか迷っちゃいますが、やっぱり青春バイクDT50、これからご紹介いたしましょう〜！

甦れ！ 我が青春バイク～DT50～

これまでのレストアの中で、トップクラスの濃度を誇る「DT50のレストア」です。ヤマハ50は一八歳の時に乗っていた私にとってとても思い出深いバイクで、①旅のきっかけになって、②2サイクルエンジン好きになるきっかけで、③メンテナンスの勉強をして、④オフロードを初体験して、⑤レース初参戦をした、そんな初めて経験尽くしのオートバイでした。

たまたまオークションで安く売っているのを発見して思わず衝動買いしたのですが、ま～これがまたひどい状態でしてね（汗）。タンクはボロボロに錆びてるし、シートは破れてるし、なんたってエンジンが……ボロボロで中身がむき出しになったまま雨ざらしになっていて、完全に「死んだ状態」だったのです。

レストア作業自体は難航を極めたのですが……やればできるもの。私の青春バイクは見事に復活したのです！

㉛ヤフオクでバイクを衝動買いしました
https://youtu.be/4EgCyTjgWaU

㉜ＤＴの思い出、そして恒例のマシンチェック
https://youtu.be/cDg_6QffWhI

㉝やっとエンジン完成！（エンジン腰上組み立て）
https://youtu.be/HMz6h4S0GZA

㉞【火入れの儀式】エンジン始動の感動を皆様と共有したいっ!!
https://youtu.be/P0ajcOOdfuU

㉟外装パーツのＤＩＹペイントとガソリンタンクのデカール自作！
https://youtu.be/xoyO945vGqQ

㊱【祝】青春バイクＤＴ50レストア完成！《ひとりナンバー授与式》
https://youtu.be/pI8YIzVQDaQ

㊲【２スト最高！】復活したＤＴ50で峠を走ってみます
https://youtu.be/jPFBhF7cuKA

しかもそれだけじゃ終わりません。

ボロボロの状態からレストアしたＤＴ50で、私の青春の思い出の地「新潟県堀之内」まで、この50ccのＤＴ50で往復七〇〇キロツーリングに挑んでみました！　車で高速道路を走ればあっという間の距離ですが、これを原付バイクの50ccで……しかも自分でレストアしたバイクだったので、一生忘れられないような楽しい旅になりました♪

㊳青春バイクＤＴ50新潟堀之内まで里帰りの旅
出発編　https://youtu.be/amAD49leWmc

㊴二日目　https://youtu.be/jpSzGaeOehA

㊵完結！　https://youtu.be/ZmHQuWZjWnI

㉛

俺の青春
いっちょ取り戻しとく？
レースも峠も2ストもこのバイクからっ！
初期型ＤＴ５０レストア計画始動！！

㉜

完成
エンジン組立て
できたよ！
《甦れ！青春バイクＤＴ50 ⑨》エンジン腰下組み立て後編

㉝

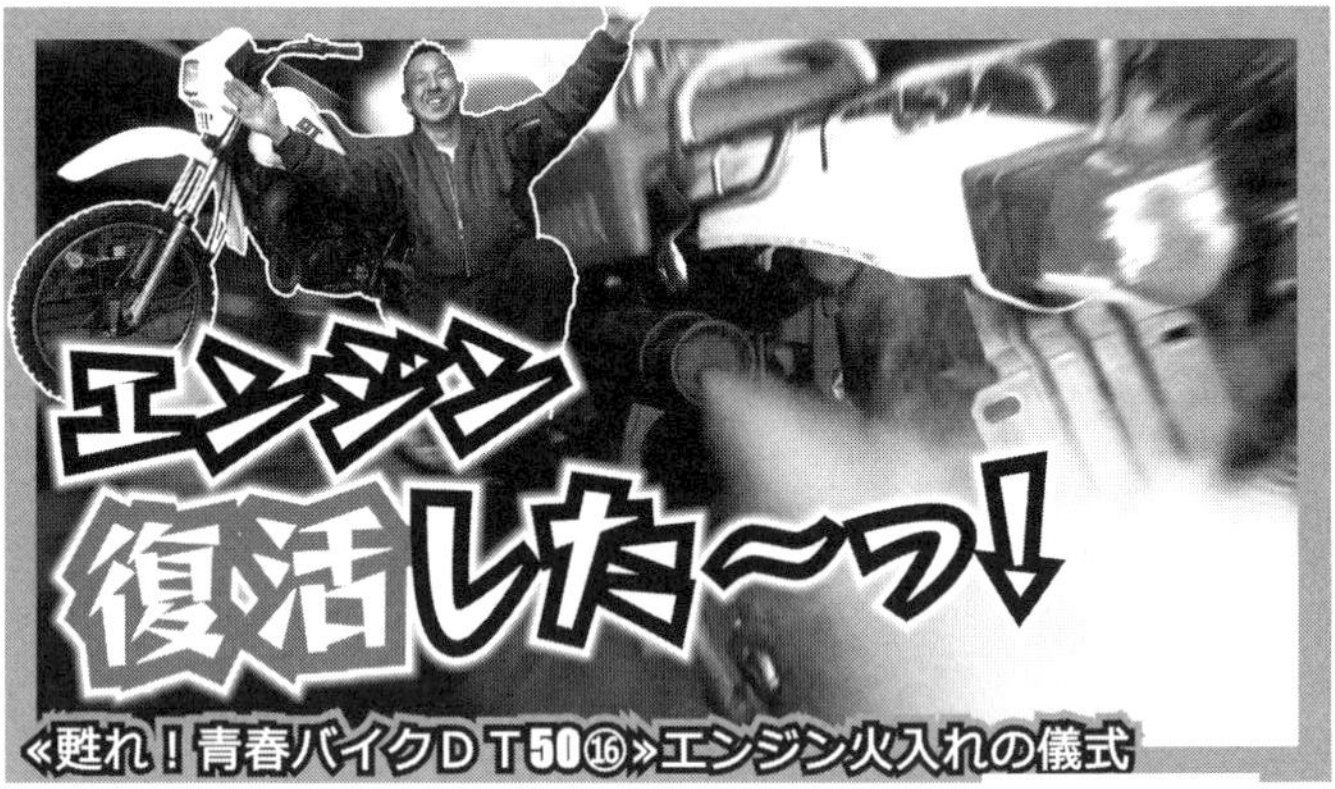
エンジン
復活した〜っ!
≪甦れ!青春バイクＤＴ50⑯≫エンジン火入れの儀式

㉞

≪甦れ!青春バイクＤＴ50 seasonⅡ⑭≫
①凹み修理
②塗装
③デカール手作り
DT
YAMAHA

㉟

完成
応援ありがとうございました！
キター!!
«甦れ！青春バイクＤＴ50 season Ⅱ ⑮»

㊱

速いぜ！2スト原付バイク!!
2スト、やっぱり気持ちイイー！
青春バイク DT50復活！
«甦れ！青春バイクＤＴ50 season Ⅱ ⑯最終回»

㊲

㊳

原付の旅
718Km
国道からの逃避行！
【DT50】新潟県堀之内へ里帰りの旅②

㊴

原付の旅
718Km
ココから
すべてが始まった
やっと着いたよ！
【DT50】新潟県堀之内へ里帰りの旅③

㊵

発電機の修理

ひょんなことから、動かなくなってしまった発電機のレストア作業をすることになりました。発電機といえどエンジンとキャブレターがついているのだから、基本的にはバイクと一緒でしょ？　なぁんてタカをくくって作業を始めたのですが、これがなかなか奥が深い世界でしてね。

バイクと発電機では根本的な使用用途が異なるため、その構造も全くの別物。最終的にエンジンがかかって発電するところまで直すことはできたのですが、見るもの触るもの初めてばかりで、とても刺激的なレストア作業となりました。

一番印象的だったのはスターターでしたね。ひもを引っ張ってエンジンスタートするのですが、その組立には本当に苦労しました……。

ちなみにこの動画を公開したところ、同じような年式の発電機が動かなくなって困っていた方から「とても役立った」と、お礼のメッセージもたくさんいただきました。

自分が楽しんでいるのに人の役にも立てるなんて素敵なことですよね～！

㊶【発電機レストア★一九八五年製ホンダＥＢ900】
前編（リコイルスターター修理）https://youtu.be/l5Xw2BNwLIQ
㊷後編（キャブレター分解掃除）https://youtu.be/kU1jXvEJCVU

㊶

㊷

エンジン繋がりでチェーンソー修理

前出の発電機同様、ひょんなことから修理を頼まれた代物です。

チェーンソー……これもまたバイクと同じようにエンジンを搭載している物なのですが、同じエンジンとはいえど使用用途が全く違うので、やっぱり未知の構造が連続のレストア作業となりました。

一番面白かったのは、キャブレターの構造でしたね！

そしてオートバイではありえないような汚れ方をしていたのが一番印象的でした。キャブレターに燃料を送るカラクリや、チェーンを動かすブレーキ、クラッチの構造など、とても興味深い内容満載でしたね～。

ちなみにエンジンの音がゴーカートそっくりなので、エンジンかかった瞬間にやたらにテンション上がったのが思い出深いです（笑）。

㊸エンジン始動不能のチェーンソーを修理してみた！
https://youtu.be/ABHrE1gz-8

※キャブの中まで木屑が・・・！！
ハイガー産業 HG-TM53800
HAIGE

エンジンだけど。。。
直せるのか？
HAIGE

㊸

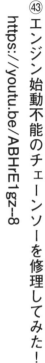

お湯が出なくなった給湯器を修理できちゃった

一転して生活に密着感のある修理作業の動画です。

お風呂の給湯器が壊れた経験ってありますか？　ワタシは……あるのです。しかもそれは突然やってきました。いつも通りお風呂に入ろうとして湯沸かしボタンを押してもお湯が出てこないんですよ。何回やっても水しか出てこない。

ラジオCMで聞いたことはあったけれども、本当に突然のことだったのであの時は本当に困りましたね。

だけど冷静に考えてみると、単純にガスの点火ができてないだけだったようなので、それならばバイクのエンジンと似たようなもんだろう？　と踏んで、修理してみました。

ガスの設備屋さんには渋い顔をされてしまいましたが、まさか修理費の1／10の値段で部品が手に入ってしまうとは思いませんでした。

この動画も「参考になりました！」という反響をたくさんいただけたものでした。

余談ですがこの修理から三年近く経ちましたが、いまだに我が家のお風呂の給湯器は……元気です（笑）。

㊹【悲報！ 風呂が壊れた……】給湯器が壊れたんだけど○○を交換しただけで直せちゃったよ！
https://youtu.be/F-zv6NWdeyk

㊹

ガレージを作り替えちゃう挑戦

今度はちょっとスケールがデカい修理作業です。

今の自宅（中古）を買った時に、ガレージと言うかカーポートがあったのですが、もうその屋根がボロボロだったんですよ。ポリカーボネートの波板がバリバリに劣化しちゃっていて、雨が降るといつもだらだらと雨漏りする始末でした。

そこで単純に波板を交換するだけでは面白くないので、ちょっと気合を入れてカーポートの屋根そのものを「高さをあげる」改造をしてやろうと、工事現場の足場などに使われる単管パイプを買ってきて、ちょっとした大工事になってしまいました。

単管パイプはご存知の方も多いと思いますが、クランプという金具を使ってパイプ同士をつないでいくのですが、なにせ仮設足場が本来の用途なので、組んだ後にいくらでも動かすことができるんです。また、分解も簡単にできるので、失敗を恐れずに好きなように組み立てられるのが最大の魅力なのですよ。

その時はあまり深くは考えていなかったのですが、その時に作ったガレージがまさに今、数々のバイクを直しているガレージの原型になっていたのです。

㊺単管パイプで夢のガレージ作り！
https://youtu.be/MfOkzcW-G20

㊺

古いキッチンの破壊→システムキッチン組み立て

ちょっと古いYouTube動画になってしまいますが……やっぱりこれは外せないですね〜。これも先ほどのカーポートと同様、今の家を買った時の模様です。家を買ったと言っても歴史を重ねた古家でして、それこそ上物の価値は限りなくゼロに近いという築年数でした。そんな古い家だったので当然キッチンもひどい有様で、そこで一家団欒を過ごそうなんて一ミリも思わない状態だったのです。

正直経済的なゆとりはあんまりない。だけども新しいキッチンが欲しい。そうなればもう、頭に浮かぶのは父の教えですよね、「まずは自分で作ってみる!」コレです。

我ながら無謀なチャレンジだったとは思うのですが、何せ一〇何年も溶接工をやっていたので、建造物の構造というのは何となく予想が付くようになっていたのです。素人がやるには途方もない作業だったのですが、まぁそこはソレ。文明の利器、インターネットであらゆる情報を集める一方で、それまで自分の本業で培ってきた知識とノウハウを惜しみなく注ぎ込んで、キッチンの解体から始まり、最終的にシステムキッチンの組み立てまでやり遂げることができました。もっともこれは一人では不可能だったので、家族の助けがあっての物種でしたね。

ボロボロだったキッチンが、まるでパズルのように部品を組み付けていくだけで、今風の新しいキッチンに生まれ変わるという経験は、とてもショッキングで楽しすぎる経験でした。自分でできるなんて想像もしていなかったので、驚きでしたね〜！

是非動画の方で、ビフォーアフターだけでも見てみてください。訪ねてきた友人達の誰もが絶賛してくれた我が家のキッチンのヒストリーがあります。

㊻古いキッチンの解体工事やってみた
https://youtu.be/j1LbQpEKNoE

㊼素人がシステムキッチンの組み立てをやってみた
https://youtu.be/emeyFpVg9NU

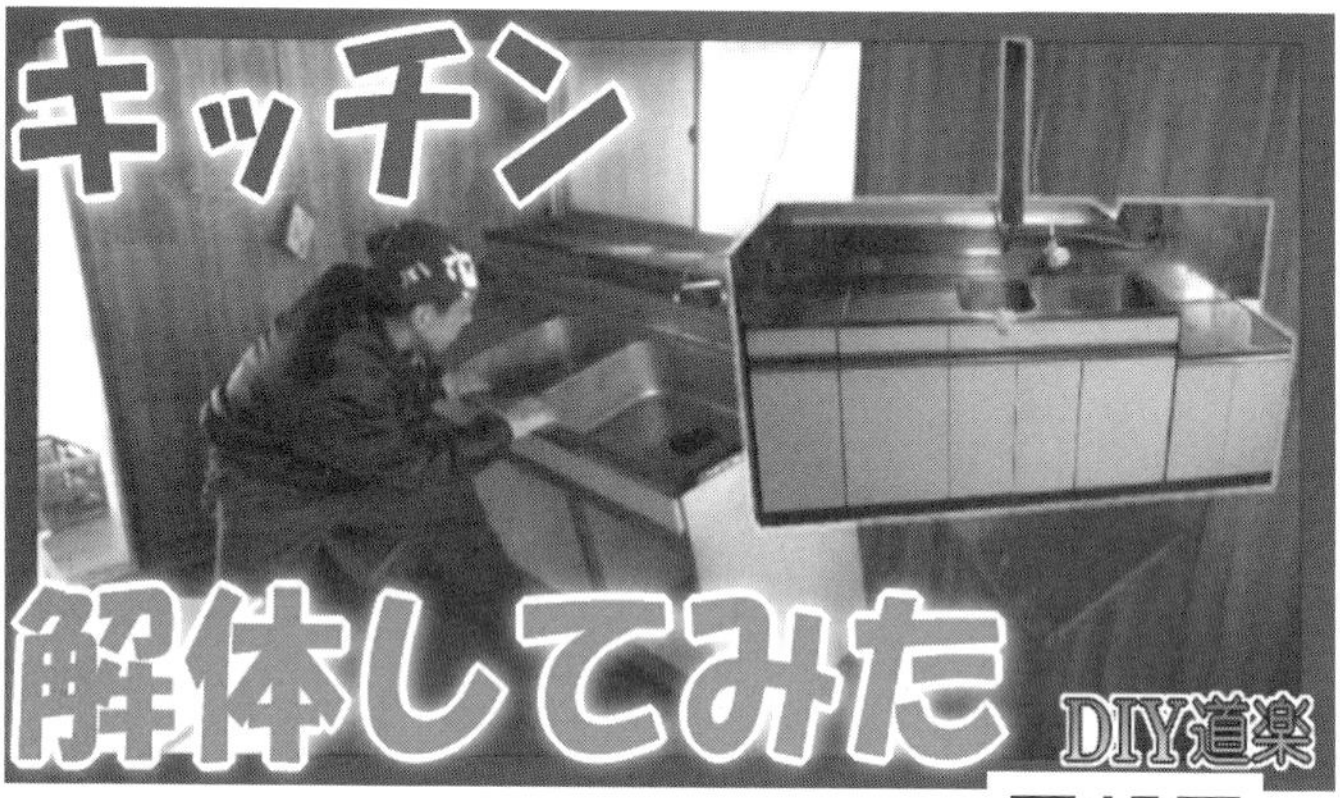
キッチン
解体してみた
DIY道楽

㊻

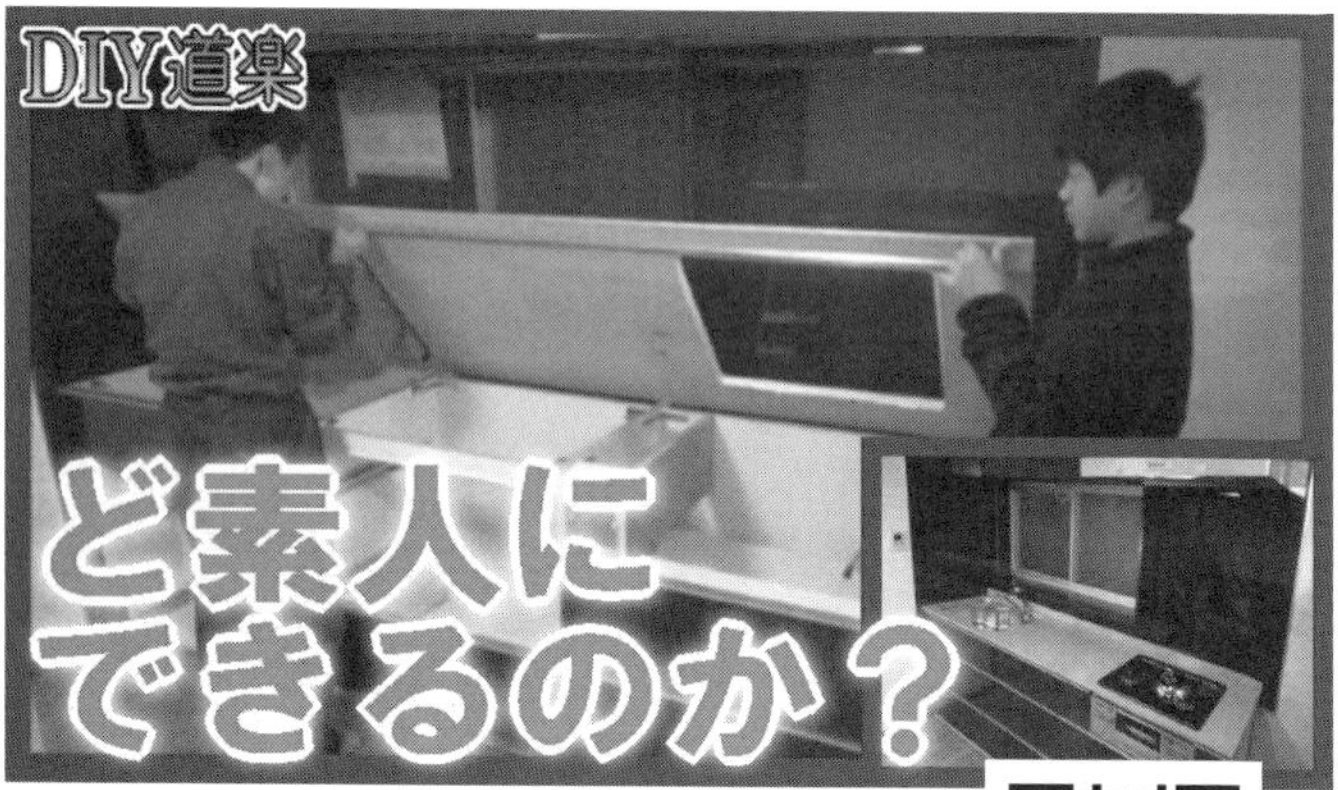
DIY道楽
ど素人に
できるのか？

㊼

マンションレストア　序章から完成まで

最後の「直す楽しさ」作業は、この動画シリーズで締めさせてください。

ひょんなことから舞い込んだ依頼の話「ワンルームマンションをリフォームしてみませんか？」というもの。

マンションのリフォーム⁉

二〇年以上喫煙習慣のある独身男性が住んでいて、大きなリフォームをされることなくずっと使われていたワンルームマンション。その内容たるや悲惨なもので、大家さんはもちろん、管理会社の方も見放すような、そんなひどい有様でした。

まずはこの動画からご覧ください←

㊽今度はマンションリフォームだ⁉↓ドキドキの内見
https://youtu.be/vX-52xq06XY

㊽

そこからがまた大変でした（笑）。

確かに自宅のリフォーム経験はあったのですが、ここまで酷い汚れというのは経験したことがなかったので、全くの新しい体験ばかり。

汚れきった部屋の掃除から始まり、お風呂やトイレを磨き上げて、最終的に浴槽や便器を塗装してみたり、古く汚かったミニキッチンは解体して、新しいキッチンを組み付けたりと数々の初体験に挑戦してみました。

そして、最終的に出来上がった部屋がコチラ←

㊾【完成】素人リフォームでもここまでできた！（次ページ）
https://youtu.be/LgY7cX5jH4g

この仕上がりを見た管理会社の方は本当に絶賛して下さいました。

大家さんはもとより、プロの方でもうんざりするような「価値を失ったワンルームマンション」が、これならワタシが住みたい！　とまで言ってもらえるような、新しい価値を手に入れたのですから……。

これまでは、捨てられたり価値がないと目を背けられていたような物たちが、自分が手を入れたことによって再び価値を取り戻して、注目を浴びるばかりでなく、引く手数多になる、という、
こんな「楽しい瞬間」はないですよね!!

出来上がったものを眺めながら飲む缶ビールは本当に美味しいです。作業している時は大変なこともありますが、やっぱり壊れたものを直す楽しさはやめられませんね〜。

㊾

楽しいことその④
解決する楽しさ（トラブル解決）

こんがらがったトラブルを一つ一つ解決していくのが楽しい

ワタシの楽しいことのラスト第四弾はこれ、「解決する楽しさ」です！

トラブルの原因を見つけて解決するのって、すっげー楽しいですよね!?……とか思うのですが、実はこれは元々、自覚がありませんでした。

気づかせてもらったきっかけはこんな感じです。

以前、勤めていた会社を辞職するときに飲み会を開いてくれたのですが、その宴の席で上司だった方がビール飲みながらワタシに言ったんですよ。

「辞める直前になって、やっとわかったことがあるんだよ。お前っていうヤツは、トラブルが起きてる部署に投下するに限る。何日かしたら解決してるだろう？　だけど注意しなきゃいけないことが一つだけあって、それはな……どうやって解決するかを見ないようにすることだ。危なっかしいことばっかりやるからな、お前は（笑）」

と、いうものでした。

最初は何か、すげーディスられてる？　と思ったのですが、どうやらそうではないようで。その時上司に言われて初めて、自分が得意とする分野を知るきっかけになったのです。

トラブルに強い。

なんかそう言うとカッコイイような聞こえがいい感じですが、正しくは「こんがらがったトラブルを、一つ一つ解決していくのが楽しい」と思える性分のようなのです。

解決する方法をアレコレ考えて、実行していくのが好き。
こういった方が正しいかもしれません。
確かに言われてみると、トラブったり失敗した時も悩んだり後悔するよりも、「どうやったらリカバリーできるか?」と考え始めてしまいますね。クセというか性格というのでしょうか。

元々、頭はあまり良くない方で、しかも怖いもの知らずなので、普通だったら試さない方法を片っ端からやるようなそんな幼少時代でした。危なっかしいんですよ、ちゃんと知識がある人から見てると(笑)。

理科の実験の実習では、指示とは全然違う方法ばっかりやって先生によく怒られていました。自分が、こう!……と思ったら、ソレを試さないと気が済まないのです。小さい頃からその性格は全く変わっていません。

トラブルが解決して人に喜んでもらえるのが嬉しい

ひとりブレインストーミングが得意です。どうでもいいようなアイデアをいくらでも思い浮かべることはできます。もちろんその九九％は使い物にならないわけですが、だけどそれを試してみることによって、予想外な学びを得ることが多いです。

だけどやっぱりそのやり方は荒っぽくて知的でもないので、いまだにフォロワーの皆様にお叱りをいただいたりしてしまうわけです（笑）。

（そんな私を応援して下さるフォロワーの皆様に、この場を借りてお礼申し上げます。本当にいつもいつもお世話になっております。ありがとうございます!!）

トラブルを解決するというのはとても楽しいです。自分が楽しいというのもあるのですが、実際にトラブルを解決することによって、仕事では仲間が助かりますし、日常生活のトラブルでも解決すればなんたって自分自身がとても助かります。

人に喜んでもらえるというのはとても嬉しいことですし、そうなることでとても楽しい気持ちになれます。


そんなわけでワタシのYouTube動画の中にも「解決する楽しさ」がたくさんあります。

これからそのいくつかを紹介しますが……それは最適解というよりも、若干（かなり）ズレた方法もあるので、その点はどうかご了承ください。


だけど一つだけ言えるのは、そんなやり方ばかりの私ですが、なんだかんだトラブルを解決できちゃっているんですよね～（それだけがとても不思議ですが）。

だけど「トラブルを解決できる」と、自分自身が「知る」ことができれば、そここそこのトラブルが起きても自分が解決できるという信用になるわけで、つまりはそれは「自信」と言えるのではないでしょうか？

トラブルの解決なんて正しい方法じゃなくてていいんです。知的な方法じゃなくてもいいんです。泥臭くて、どん臭くて、ちょっとみっともない方法だとしても、トラブルを解決できれば、それはそれで「最良の方法」なのです！

そうやって毎回苦労してあがいて問題を解決していけば、やがては「自分は問題を解決できる」という「自信」に繋がるってぇもんです。

そんなわけで、ワタシが動画の中で直面した問題を（若干みっともない方法だったとしても）解決していく、その姿があなたの問題解決への着想のきっかけになってくれたらとても嬉しいです。

バイクのエンジンが掛からなくなった！

突然やってきて困るトラブルといえば、やっぱりまずはこれからでしょうか？

さっきまで普通に走っていたバイクが、いきなりエンジンが掛からなくなった！

これは実話です。直したバイクが調子よく走っていたはずなのに、いきなり道路の真ん中でエンスト。その後いくら頑張ってもエンジンが掛からなくなったのです。

いや〜、まさにその瞬間は頭の中が真っ白ですよね（笑）。なんで？　なんで？　と焦るのが一番最初。その次に「どうやって帰ろう？」と真っ青になります。

なんとか押して帰って、家のガレージに入れたところから動画が始まります。

まぁ待て。とりあえずは冷静になろう。

ガソリンは入っているか？　そのガソリンは古くないか？

エンジンの圧縮あるか？　圧縮漏れはないかな？

おおそうだ、スパークプラグに火花は飛んでるかチェックしよう。

おや、火花が弱い。

火花が弱いということはコードの断線ではないけども抵抗があるかもしれないね。火花を飛ばす信号を出すCDIは生きているか？　CDI交換しても直らないってことは、残る部品はと言うと……

まさかのイグニッションコイルでした〜！

……という、話でした（既にネタバレしちゃってますが）。

㊿走ってたらいきなりエンジンが掛からなくなった。原因見つけて直すよ!!
https://youtu.be/UGyBZ4hF0vM

「エンジンが止まった」という大きなトラブルから始まったのですが、電気の流れを辿っていって、一つ一つの部品に細分化することによって、いずれは原因にたどりつくという勉強になりました。

いやそれにしても、まさかイグニッションコイルが消耗品だとは、このトラブルまで全く知らなかったんですよ～。あの時も大きなことを学ばせていただきましたね。それ以後、非常に参考になっているトラブル例でした。

走ってたらいきなり
エンジン止まった…
原因、探して直すよ！

止まっちゃった…。
……。

㊿

エンジンの回転数が下がらなくなった！

先ほどはエンジンが掛からないというトラブルでしたが、今度は「動いたエンジンの回転数が落ちない」というトラブル。

回転数が落ちないいんですよ。アクセル戻しても、ずっとエンジン回転数が高いまま回りっぱなし。これって、バイクに限らず車に乗っている方でも分かると思うのですが、とても危ない状態なんです。何たって、暴走しちゃうわけですからね！

㉛【RZ50の罠②トラブル共有】アクセル戻しても回転数が落ちない!!
それって、コレが原因かも
https://youtu.be/QY5lWQIHWpI

こういうトラブルって、キャブレターというガソリンの気化器に不具合があってアクセルがあけっぱなしになるというパターンがあったのですが、原因はそこではありませんでした。

まさかまさかの部品の劣化が原因だったのですが……実はこの部品、バイクが古くて廃版になってたこともあって、その値段が一万二千円（！）にも高騰していたのです。これはこれで第二のトラブルでしたね。一難去ってまた一難とはまさにこのこと。とてもじゃないけどお小遣いにそんな余裕がないので、これまた試行錯誤してクリアしていくのです（笑）。

51

ズーマートラブル劇場

ホンダのズーマー（ZOOMER）というスクーターには、あまりに多くのことを学ばせていただきました。ワタシのレストア史上、トラブル数はぶっちぎりのナンバー1でしたね〜。

バイクを扱って、車体を綺麗にして、キャブレター（ガソリン気化器）を掃除するそこまでは、順調でした。そしてエンジンの始動テストをしようとした途端……「ガリガリッ」と、これ絶対エンジン壊れてるだろう⁉　ってな音がしたのがコレ←

㊾ メルカリの洗礼キター！　キャブレター掃除とまさかの異音発生
https://youtu.be/NuQ5Jgc7PtU

これでエンジンが掛かると思った矢先に、まさかのクランクシャフトトラブル。

予定では最終回だったのが、まさかまさかのエンジン全バラ編突入の序曲になっちゃったわけですよ。

㊸ エンジン全バラ――ベアリング粉砕のクランクシャフト発掘
https://youtu.be/sAUdlyxsOmA

エンジンをバラバラに分解しました。

新しいクランクシャフトも手に入れました。

スクーターのエンジンの全分解なんて初めてだったので、いたるところに苦労しながらなんとか組み上げていったのですが、これは何とか無事完成。

そして、さあこれで復活だとエンジンを始動したら⁉

㊹【悲報】エンジン始動できませんでした……これは、何が起こったのでしょうか……
https://youtu.be/M0bizkKo7-4

エンジンが掛かった！　と思ったら、次の瞬間に異常事態の発生ですよ。

一難去ってまた一難、なんてもんじゃない。いやむしろここからが本番でした。

(54)　(53)　(52)

トラブル劇場、第二幕スタート！

55【ズーマー★トラブル劇場第二幕開演？】
燃料ポンプが沈黙したそのワケは……
https://youtu.be/6fQble5nBNs

お次は、エンジン掛けるたびにヒューズが切れる？　という、原因不明のトラブルが続きます。電気系はとても苦手なので正直逃げ出したかったですが、預かり物のバイクなので諦めるわけにもいかず（笑）ここから長い長い原因究明の旅が始まるのです。

56【ヒューズ切れ地獄＃１】ヒューズが切れる原因を探します！
https://youtu.be/YNHmbvJo8x4

57【ヒューズ切れ地獄＃2】リレーを交換！　ついでにECUのチェック

https://youtu.be/iNQZRSLUThk

⑱【ヒューズ切れ地獄＃３】背水の陣！　ＥＣＵの交換で解決できるか？

https://youtu.be/O7rnjss7144

中途半端に一気に部品交換するのではなく、勉強も兼ねてひとつひとつ調べました。何回やってもエンジン掛けるたびにヒューズが切れるので、毎度毎度「これもダメだったかぁ〜」と落胆するものの、着実に答えに近づいている核心めいた実感があったので、焦らず急がず原因を突き詰めて行きました。そして苦心の末のゴールが！

⑲【ズーマー──ヒューズ切れ地獄④】エンジン復活!!

元凶はジェネレーターでした

https://youtu.be/wPKaBbr0zIM

いや〜、原因を見つけた瞬間は最高に嬉しかったですね。連続でトラブル中、コメント欄でフォロワーさんからのアドバイスもたくさんいただくことができたので、一人で作業するときの何倍もの勉強をすることができました。

このズーマー君のトラブル劇場は恐らくずっと忘れないでしょう（笑）。

⑯

⑮

⑲　⑱　⑰

10章

自分だけの物語を書いてください

人生の九割はうまくいかないところから始まる

今回本を執筆することになって、ここまで書くのに自分の人生を振り返ってみて気づいたことがあります。

……これまで、最初からうまくいったことなんてほとんどないですね！

全体の九割かな？　いやそれ以上か。ひょっとしたら九九パーセントぐらいかもしれない。最初からうまくいったことなんて本当に少ないです。

これを読んでいる若い皆さんに、心から言いたいことは「人生の九割はうまくいかないところから始まる」ということです。周りを見渡せば、簡単にできている人がいるように思うかもしれません。だけどそれは単なる勘違いです。

一見すると全く別のことでも、実はその根本的なところが似てるものってのは多いんですよね。例えばスキーとバイクってスポーツとしては全くの別物ですが、体重移動という点ではかなり近いものがあります。

私は二〇年以上溶接工としてやってきましたが、家のリフォームなどで加工の方法などはジャンルは違えどもなんとなく理解できるところが多々ありました。つまり初めてのことに挑戦していきなりできてしまうというのは、以前に違うジャンルで試行錯誤を繰り返してきたというだけなんですよね。結局どこかで失敗してるんです。

だからやっぱり、本当に初めてのことはほぼ間違いなく「うまくいかない」ということです。

この本では繰り返し「失敗は諦めさえしなければ学びのチャンス」だと書かせていただきましたが、何度でも繰り返します。繰り返させてください。

一度失敗したくらいで諦めちゃダメです。あきらめちゃうと、それは後悔やトラウマになってしまいます。

失敗は、学びの、チャンスです！　これは繰り返し言わせてください。だって本当なんですから。

私のYouTube動画をいくつか観ていただきましたが、いかがでしたでしょうか？　いつまでたっても失敗ばかり。なんとも間抜けな姿だと思います。

だけども、間違いなく言えるのは、同じ失敗を繰り返すことがほとんどないということです。二回目や三回目になるとさすがに作業が速くなる。そのうち、動画に撮るまでもなく、ささっと終わらせてしまうことが多々あります。

やったことがない初体験の作業が多いので、新しいことをチャレンジすれば片っ端から失敗していくわけですが、そうやって失敗をして、あれこれ考えて、試行錯誤をしてクリアしていくことで、そのたびに一つ一つ学んでいくことがあるのです。

失敗するということは、まだまだ学ぶべきことがたくさんあるということ

YouTubeだけでも一四年間、ホームページ時代を加えると二一年間。自分の人生で考えると四〇年以上、失敗をし続けているということです。

だけどそれだけ長い時間いろんなことに失敗していながらも、いまだにまだ失敗をするということは、まだまだ学ぶべきことがこの世にはたくさんたくさんあるということです。四六歳になってもまだまだ未熟者。

そう考えるとちょっとワクワクしてきますね！

もしあなたが何度やっても失敗だらけというのであれば、それはまだあなたが成長する余地が残ってるということです。逆に言えば、失敗しないことはもう

そこに成功の余地はないわけで、新しい発見や学ぶことの「楽しさ」はないってことなんですよ。

とは言っても、実際にそこまで「極める」ことなんで、できるんでしょうかね？　歩くことや、走ることや、喋ることや、文字を書くことや、さらにはこの世に生まれて最初に覚えた「呼吸」ですら、まだまだ学ぶことだらけなんですから。

そう考えると、人生なんて死ぬまで失敗の連続なのかもしれません。死ぬまで学ぶことだらけです。

書き続ければ、必ずエンディングを迎えられる

とにかく私は、失敗するのが怖くて最初の一歩を踏み出せない方を心から応援したい。いやむしろ、日常的に失敗しているワタシの姿を見て「なんだ、そん

なことか」と笑ってほしい。

失敗は物語のプロローグです。映画や、小説や、ドラマも、何かトラブルが起きたところをプロローグとして、そこから物語が始まって行きます。もしあなたに、困ったことやトラブルが起きたとしても、一冊のノートのプロローグに書き記して、是非そこからあなたの物語を描いてください。描き続けたならば、必ず最後にエンディングを迎えることができるはずです。

いつも沢山の方に「楽しそうですね」と言っていただけるワタシですが、それはなぜだろうと客観的に観察してここまで本を書いてきましたが、こうしてまとめてみることで数多くの再発見がありました。

そして過去を振り返ってみると、当然ワタシも、最初から「楽しめていたわけではなかった」ことも思い出しました。「人生、楽しむべきだ！」と思ったところで、実際どうしたらいいのか分からなかったんですよね。

昔の悩んでいた自分に直接語りかけることは不可能ですが、もしあの頃の私と同じようにモヤモヤともがき苦しんでいる方がいたとしたら。そしてそれが、あなただとしたら……。

だから、私は全力であなたを応援したい。

「失敗」ってさ、実は「楽しさ」の宝箱なんだぜ?……と、熱弁ふるいたいのです。

とりあえず思いつく限りのことをあれこれ書かせていただきましたが、この本が少しでもあなたのお役に立てれば、それほど嬉しいことはありません。本を執筆するなんて生まれて初めての体験ですが、試行錯誤の末、たくさん楽しませていただきました!

おわりに

若い人へ伝えたいこと
――あなたのトライ&エラーを世界に向けて発信してください

私には二人の息子がいます。

今年二一歳と一九歳になりました。

だからと言うわけではないのですが、今回本を書くという大舞台を用意していただくにあたり、若い方へ向けたメッセージを書きたいなと思いました。まあ、なんだかんだ、息子に語るような話になってしまうわけですが（笑）。

今の時代、若い人にとっては本当に大変な時代だと思います。

例えば私が子供の頃、「世界」と言えば自宅と小学校、そしてその周辺のせいぜい半径一キロでした。もちろんテレビや新聞もあるのですが、それは一方的に情報を伝えるメディアであって、本当にそれがあるのかすら疑わしい存在だったのです。

クラスで一番歌が上手い女の子が、トップアイドルでした。
クラスで一番足が速い子が、将来のオリンピック選手でした。
クラスで一番ダンスが上手い子が、将来のトップダンサーでした。
クラスで一番絵が上手い子が、将来の漫画家でした。

私が小さい頃は本当に世界が狭かったんですよ。

あの頃はファミコンもなかったし、電話かけると思ったら公衆電話に行かなきゃいけなかったし、ビデオも出始めだったから、見たい番組はテレビの前に座っていなきゃいけない。電話番号を調べるときは分厚い電話帳を片っ端からめくったもんです。

だけど今の若い人は大変だ……。

スマホがあるから、欲しい情報はいつでも手に入るし、海外の大学の論文だって読めちゃう。ゲームなんか無料で遊べるし、無料の漫画だって無限かってくらいいっぱいある。昔に比べたら天国みたいな時代のはずなんだけど……。

クラスのなかで歌が上手い子も、
クラスの中で踊りが上手い子も、
クラスの中で運動が得意な子も、
クラスの中で絵が上手な子も、
ちょっと検索したら、自分と同い年でももっともっと上手な子がいくらでも出てきちゃう。

昔だったらクラスのヒーローになれるところが、検索しちゃったら絶対に一番になれない。

そして最も大変だなと思ってしまうことが「失敗」できるチャンスがとても少なくなってしまったこと。

ワタシは子供の頃、とても運動は苦手でした。特に球技になると全然ダメで、チーム分けの時などは「お前は要らない」と言われる存在でした。徒競走では当然ビリだったし、ソフトボール投げでは女子の記録にも負けるぐらいダメダメでした。

だから、比べられて順位をつけられることによって、周囲に比べて劣っている自分のコンプレックスを自覚してしまうリスクは肌身で感じてきました。あれは本当に辛い記憶です。

そんなこともあって中学生時代は一時登校拒否になり、ひとり震える日々を経験しました。

だけど幸いなことに、私はとても恩師に恵まれたのだと思います。

あれは小学生二年の時。引き込みがちになっていたワタシは、教室のすみでノートに漫画を書いていました。それを見た担任の先生が「毎日四コマ漫画を書いて、教室の掲示板に貼ろう!」と提案したのです。

そんなのとんでもない!「つまんない」って言われたらどうしよう。笑われて馬鹿にされたらどうしよう! と嫌がったのですが、その担任の先生は言いました。

「漫画は人に見られて、評価されて、初めて価値を持つものなのよ」

さらに先生は付け加えます。

「いい? 毎日家で四コマ漫画を書いてきなさい。アイデアが出なくてもいいの。無理やりでいいから書いてきなさい。最初は大変でもそれを続けていれば、そのうち毎日アイデアが溢れてくるようになるから大丈夫！」

かくして、その担任の先生の言う通りになったのです。

毎日四コマ漫画を書くことによって多くの経験をしました。面白いと喜んでもらうこともあれば、つまらないとバカにされたこともあります。破かれたこともありました。でも、最初考えていたのとは違いました。いつの間にか、毎日四コマ漫画を書くのが楽しみになっていたのです。

今にして思えば、毎日のように動画を撮影して編集している今の自分の原型が、確かにそこにありました。その先生はもう鬼籍に入ってしまいましたが、あちらでYouTubeをチャンネル登録してくれていたら嬉しいです。

その後も小学校三年生、小学校六年生、中学二年生、そして日本一周の時や社会に出てからも多くの恩師に多くの教えをいただきました。

それは、私を守り包むものではなく、むしろクラスメイトの評価という場に押し出すものであって、クラスメイトからの多くのフィードバックを受けることになりました。

でもそのおかげで私はクリエイターとしての多くの経験を積むことができて、その後の人生にあまりにも多くの影響を及ぼすことになったのです。

何か行動を起こして、何かを発信するという経験は、この私に多くの「失敗」をもたらしました。でも「失敗」を経験することなくしてその子の成長はあり得なかったと強く思います。

「失敗」はすべての始まります。
「失敗」は誰もが経験することです。
「失敗」は恥ずかしいことではありません。
「失敗」は「楽しい」ことの始まりなのです。

若い皆さん、どうか失敗を恐れないでください。

大丈夫です、心配ありません。「失敗」は必ずあなたに多くの経験値をもたらします。そして多くの経験を積むことによって、あなたの人生にたくさんの「楽しさ」を連れてやってきます。何度も何度も星の数ほど失敗している私が言うんだから間違いありません。

そして願わくば、あなたのトライ&エラーを世界に向けて発信してください。それがあなたの次の世代へのエールになるはずです。

人工知能やロボットは「失敗」をしません。「失敗」とは人間だけに許された特権なのです。人間らしさの象徴なのです。

ぜひその特権を思う存分行使してください！

長々と書かせていただきましたが、この本に託したメッセージが読んでくれたあなたのお力になれれば本当に本当に嬉しいです。

この本を読むことによってあなたが少しでも前に進めたならば、是非あな

たの「楽しい！」をメッセージにのせて私にも知らせてください。
YouTubeチャンネル「DIY道楽」でいつでもお待ちしております〜！

最後になりますが、このたび本を執筆するチャンスを与えてくださったSさんと、応援してくださったKKロングセラーズさんに心から感謝いたします。

というわけで、今回もご視聴ありがとうございました〜!!

DIY道楽テツ

人生を楽しむチカラが身に付く本

著　者　　DIY 道楽テツ
発行者　　真船美保子
発行所　　KK ロングセラーズ
東京都新宿区高田馬場 4-4-18　〒 169-0075
電話（03）5937-6803（代）　振替 00120-7-145737
http://www.kklong.co.jp

印刷・製本　大日本印刷（株）
落丁・乱丁はお取り替えいたします。※定価と発行日はカバーに表示してあります。
ISBN978-4-8454-2515-0　　Printed In Japan 2023